Willy Schneider

Praxisleitfaden
Kundenzufriedenheit

Bibliographische Information der Deutschen Nationalbibliothek:

Die Deutsche Nationalbibliothek verzeichnet diese Publikation in der Deutschen Nationalbibliographie; detaillierte bibliographische Daten sind im Internet über http://dnb.dnb.de abrufbar.

Verlag: BoD · Books on Demand GmbH, In de Tarpen 42,

22848 Norderstedt, bod@bod.de

Druck: Libri Plureos GmbH, Friedensallee 273, 22763 Hamburg

ISBN: 978-3-7693-7736-1

Vorwort

Es geht nicht darum, Produkte zu verkaufen,
sondern Wünsche zu erfüllen.

Nur wenige Themen haben in den vergangenen Jahrzehnten in Marketing-Wissenschaft und -Praxis einen derart breiten Raum eingenommen wie die Kundenzufriedenheit. Noch immer aber gelingt es sehr vielen Unternehmen nicht, Einblicke in die Zufriedenheit von „König Kunde" zu erlangen und angemessen zu (re-)agieren.

Das vorliegende Buch will dazu beitragen, dieses Defizit zu beseitigen. Manager und Marketingspezialisten sowie Lehrende und Studierende werden darin unterstützt,

* das Thema Kundenzufriedenheit in seiner Komplexität zu durchdringen,

* Kundenzufriedenheit erfolgreich zu messen und

* anderen die zentrale Bedeutung des „**Ohrs am Kunden**" zu vermitteln.

Kapitel 1 beleuchtet, welche Fehler Unternehmen im Umgang mit Kundenzufriedenheit begehen und welche zentrale Bedeutung die Kundenzufriedenheit für den Unternehmenserfolg hat.

Kapitel 2 beantwortet,

* was (Un-)Zufriedenheit konkret bedeutet,

* wie sie entsteht und

* welche ökonomischen Konsequenzen für Unternehmen damit einhergehen.

Kapitel 3 schließlich vermittelt das Know-how, wie man Kundenzufriedenheit fundiert misst.

Das vorliegende Buch richtet sich an

- **Praktiker*innen** aus Marketing, Vertrieb, Service und Marktforschung, die sich mit Kundenorientierung beschäftigen,

- **Consultants** und **Marktforscher*innen**, die Unternehmen beim Thema Kundenzufriedenheit begleiten, sowie

- **Lehrende** und **Studierende** an Universitäten, Fachhochschulen und Berufsakademien.

Ausschließlich aus Gründen der Lesbarkeit wurde im Text zumeist die männliche Form gewählt. Nichtsdestotrotz beziehen sich die Angaben auf Angehörige **sämtlicher Geschlechter**.

Freiburg/San Bartolomeo Lago Maggiore, im März 2025

Prof. Dr. Willy Schneider

Inhalt

1	**Kundenzufriedenheit in der Praxis: viele Worte, wenig Erfolg**	**1**
2	**Theoretische Grundlagen der Kundenzufriedenheit**	**5**
2.1	Stellung der Kundenzufriedenheit im Kundenbeziehungs-Lebenszyklus	5
2.2	Confirmation-Disconfirmation-Paradigma	8
2.2.1	Modell	8
2.2.2	Wahrgenommene Leistung	9
2.2.3	Erwartungen	13
2.3	Reaktionen der Kunden auf (Un-)Zufriedenheit	15
3	**Messung der Kundenzufriedenheit**	**19**
3.1	Funktionen	19
3.2	Verfahren	20
3.2.1	Überblick	20
3.2.2	Objektive Verfahren	21
3.2.2.1	Erfassung von Kennzahlen	21
3.2.2.1.1	Überblick	21
3.2.2.1.2	Kundenabwanderungsrate	22
3.2.2.1.3	Kundenfluktuation	24
3.2.2.1.4	Wiederkäuferrate	25
3.2.2.1.5	Cross-Selling-Quote	27
3.2.2.1.6	Preiselastizität der Nachfrage	28
3.2.2.1.7	Up-Selling-Quote	30
3.2.2.1.8	Beschwerdequote	31
3.2.2.1.9	Reklamationsquote	33
3.2.2.1.10	Garantiequote, umsatzabhängige	34
3.2.2.1.11	Gutschriftenquote	36
3.2.2.1.12	Kulanzquote	38
3.2.2.2	Auswertung von Beschwerden, Reklamationen und Garantiefällen	41
3.2.2.2.1	Begriffliche Abgrenzung	41
3.2.2.2.2	Frequenz-Relevanz-Analyse von Problemen	42
3.2.2.3	Testkäufe	44
3.2.2.4	Warentests	49

3.2.3   Subjektive Verfahren...50
3.2.3.1   Merkmalsorientierte Verfahren 50
3.2.3.1.1 Skalierung 50
3.2.3.1.2 Eindimensionale Messverfahren 51
3.2.3.1.3 Mehrdimensionale Verfahren 52
3.2.3.2   Ereignisorientierte Verfahren 58
3.2.3.2.1 Überblick..58
3.2.3.2.2 Methode der kritischen Ereignisse 58
3.2.3.2.3 Sequenzielle Ereignis-Methode...64

4   Flankierende Instrumente   67

4.1   Beschwerdemanagement 67
4.1.1   Beschwerden in der Unternehmenspraxis 67
4.1.2   Phasen des Beschwerdemanagement („KANBAN) 69

4.2   Aufbau von Wechselbarrieren...73
4.2.1   Überblick...73
4.2.2   Technisch-funktionale Kundenbindung 73
4.2.3   Ökonomische Kundenbindung 74
4.2.4   Juristische Kundenbindung 75
4.2.5   Soziale Kundenbindung 75
4.2.6   Psychologische Kundenbindung 76
4.2.7   Situative Kundenbindung 76

5   Maxime Kundenzufriedenheit – kein Allheilmittel   77

6   Quellenverzeichnis   81

7   Stichwortverzeichnis   99

8   Informationen zum Autor   101

1 Kundenzufriedenheit in der Praxis: viele Worte, wenig Erfolg

Obwohl nahezu alle Unternehmen in ihren Leitbildern ein Maximum an Kundenzufriedenheit fordern, lassen sich immer wieder **sechs grundlegende Fehler** im Umgang mit den Kunden feststellen:

Fehler Nr. 1: Kurzfristperspektive dominiert

Zahlreiche Unternehmen versäumen es, eine intensive, langfristige und auf der Zufriedenheit des Kunden basierende Beziehung aufzubauen (**Relationship-Marketing**). Sie konzentrieren sich vielmehr darauf, neue Kunden zu gewinnen und stellen demnach den einzelnen Geschäftsabschluss in das Zentrum ihrer Bemühungen (Transaktions-Marketing). Nicht selten werden Neukunden (etwa bei Direktbanken, Telefongesellschaften, Pay-TV-Sendern) sogar bessergestellt als Stammkunden. Und das, obwohl die Kosten der Neukundengewinnung häufig deutlich höher liegen als die der Kundenbindung.

Fehler Nr. 2: Nicht vorhandene, verstopfte oder gekappte Kommunikationskanäle zum Kunden

Häufig wissen Mitarbeiter*innen und Führungskräfte überhaupt nicht, wie (un-)zufrieden ihre Kunden sind. Warum?

- Fehlen eines **kennzahlengestützten Frühwarnsystems**, das Probleme in Kundenbeziehungen aufdecken könnte. Kundenabwanderungsanalysen, Kennziffern der Kundenbindung sowie Beschwerde-Monitoring könnten hier Abhilfe schaffen.

- Verzicht auf Kundenbefragungen oder sonstige **Kundenzufriedenheitsmessungen**, da Unternehmen die damit einhergehenden **Kosten** bzw. den Aufwand als zu hoch einstufen und/oder den konkreten (ökonomischen) **Nutzen** solcher Analysen nur schwer bewerten können. Übrigens ein weit verbreitetes Phänomen: Kosten-Nutzen-Analyse degenerieren zu Kosten-Analysen, das sich Kosten relativ einfach und Nutzengrößen nur schwerlich quantifizieren lassen.

- Unternehmen, die sich dennoch für eine Kundenanalyse entscheiden, beauftragen damit nicht selten Praktikanten oder Werksstudenten, was zu **dilettantischen Analysen** und damit zu fehlerhaften, oberflächlichen Ergebnissen führen kann. Ganz zu schweigen von der fehlenden Akzeptanz solcher Befunde bei den Mitarbeitern.

- Mitarbeiter*innen verdrängen, bagatellisieren oder verschweigen **Unzufriedenheitssignale** der Kunden (z. B. Beschwerden), weil sie Sanktionen von ihren Vorgesetzten befürchten.

Fehler Nr. 3: Abstraktes bzw. widersprüchliches Unternehmensleitbild

Die meisten Unternehmen führen Kundenzufriedenheit zwar in **Unternehmensleitbild** bzw. **-philosophie** explizit auf. Doch nur selten werden die Leitlinien mit Leben gefüllt und auf die konkrete Handlungsebene der einzelnen Mitarbeiter heruntergebrochen. Diese sind sich dann unklar, wie sie die im Unternehmensleitbild fixierten und zumal häufig schwammigen Ziele in ihrer täglichen Arbeit umsetzen können. Außerdem sind von oben vermittelten Botschaften nicht selten widersprüchlich; man denke etwa an den typischen Konflikt „langfristige Kundenorientierung vs. kurzfristig ausgerichtete Umsatzorientierung".

Fehler Nr. 4: Fehlende Orientierung am Kunden

Zahlreiche Mitarbeiter*innen haben den Kontakt zum Kunden verloren. Insbesondere für die Vertreter interner Abteilungen mutiert der Kunde zunehmend zum **unbekannten Wesen**, da

- Arbeitsabläufe nicht auf Bedürfnisse des Kunden ausgerichtet sind, sondern durch organisatorische Rahmenbedingungen festgelegt werden,

- Abteilungen häufig nicht an einem gemeinsamen Strang ziehen, sondern gegeneinander arbeiten.

In einem Klima, in dem

- Abteilungsegoismen die Oberhand gewinnen,

- Feindbilder geschaffen werden (z. B. „Buchhalternasen", „Bleistiftspitzer", „die da oben" u. ä.) sowie

- Schuldzuweisungen an der Tagesordnung sind,

rückt der Kunde in den Hintergrund des Interesses.

Fehler Nr. 5: Mangelnde Motivation bzw. fehlende Anreize

Mitarbeiter*innen sind nicht immer intrinsisch, d. h. wegen ihres Interesses an und ihrer Begeisterung für ihre Tätigkeit motiviert. Zumeist muss das Management Anreize schaffen, um die Mitarbeiter für Kundenzufriedenheit zu sensibilisieren (= **Motivatoren**). Man denke etwa an

*   monetäre Anreize (z. B. Provisions-/Prämiensystem) oder

*   Lob und Anerkennung (z. B. Auszeichnung als „Mitarbeiter des Monats").

Fehlen solche Anreizsysteme, kann man es den Mitarbeitern nicht verdenken, wenn sie kaum Interesse haben, ihren Kunden einen echten Dienst zu erweisen geschweige denn diese zu begeistern.

Fehler Nr. 6: Mangelnde Fähigkeit bzw. Motivation, aus Unzufriedenheitssignalen konkrete Maßnahmen abzuleiten

Unternehmen fällt es schwer, die Befunde von Kundenzufriedenheitsstudien in konkrete Maßnahmen umzusetzen. Mitarbeiter sehen sich vor der unüberwindbaren Hürde, die zutage geförderten Schwachstellen zu beseitigen. Dies wiederum löst nicht selten eine **kollektive Lähmung** der in das Projekt eingebundenen Unternehmensangehörigen aus.

Zudem sind Mitarbeiter*innen bei **Vorschlägen** zur Verbesserung der Kundenzufriedenheit recht **zurückhaltend**. Denn sie befürchten, im Falles eines Vorschlags zusätzlich zum Tagesgeschäft noch in Projektarbeit eingebunden zu werden. Leichter erscheint es, die Studie bzw. deren Durchführung zu kritisieren oder deren Ergebnisse in Frage zu stellen.

Wenn man sich die hier skizzierten Fehler und Schwachstellen im Umgang mit Kundenzufriedenheit vor Augen führt, wird deutlich, dass dringender Handlungsbedarf besteht. Verschärfend kommt hinzu, dass sich das **Verhalten** der **Kunden** grundlegend verändert (hat):

*   **Zunehmende Mobilität/Online-Shopping**: Aufgrund des sich vergrößernden Einkaufsgebiets der Kunden wächst deren Zahl an Einkaufsoptionen, wohingegen die Wechselbarrieren sinken.

*   **Wachsender Bedarf an Convenience**: z. B. Reduktion des Transportaufwands durch Abwicklung vieler Transaktionen von zu Hause aus, Unabhängigkeit von Öffnungszeiten, Schnelligkeit bei Bedienung und Service.

*   **Abnehmender Zeitdruck**: Aufgrund flexibler Arbeitszeiten, ausgedehnter Ladenöffnungszeiten sowie E-Commerce haben Kunden mehr Zeit, die auf dem Markt verfügbaren Angebote zu vergleichen.

*   **Höherer Informiertheitsgrad**: Das Informationsangebot im Internet, das höhere Bildungsniveau der Konsumenten sowie deren Vertrautheit mit der Nutzung moderner Technologien (Digital Natives) sorgen dafür, dass Verbraucher immer besser informiert sind und sich einen hervorragenden Marktüberblick verschaffen können.

*   **Anstieg des Anspruchsniveaus** bzw. Anspruchsinflation bei den Verbrauchern in Bezug auf Preis und Leistung, nicht zuletzt aufgrund der Werbung der Anbieter.

*   **Zunehmende Kritikbereitschaft**: Aufgrund ihrer immer besseren Ausbildung und wegen ihres gestiegenen Anspruchsniveaus akzeptieren Konsumenten immer seltener Defizite bei Unternehmen.

*   **Steigende Preissensibilität**: Beim Kauf von Waren des täglichen Bedarfs suchen Verbraucher nach preisgünstigen Produkten, um das Budget für Güter des demonstrativen Konsums aufstocken zu können (*hybrides Kaufverhalten*). Auch relativ wohlhabende Verbrauchersegmente werden immer preissensibler und nutzen die „Schnäppchenjagd" als Freizeitbeschäftigung (Smart Shopper).

Auf den Punkt gebracht: **Vertrauen** und **Loyalität** der Konsumenten gegenüber Unternehmen und ihren Produkten sind zurückgegangen. Es wird immer schwieriger, Kunden an sich zu binden. Grundsätzlich kommen hierfür nur **zwei Wege** in Betracht:

*   **Gebundenheitsstrategie**: Kunden können durch den Aufbau von Wechselbarrieren und damit durch Einschränkung ihrer „Freiheit" an ein Unternehmen gebunden werden (vgl. *Bruhn/Homburg* 2005). Die Instrumente zum Aufbau von Wechselbarrieren sind jedoch häufig zeitlich limitiert. Beispielsweise laufen Patente (technische Wechselbarrieren) oder Verträge (juristische Wechselbarrieren) aus.

*   **Verbundenheitsstrategie**: Will ein Unternehmen Kunden dauerhaft binden, so muss es flankierend den zweiten Weg beschreiten und die durch Wechselbarrieren an der Abwanderung gehinderten Kunden zufrieden stellen bzw. begeistern, so dass diese sich freiwillig binden.

2 Theoretische Grundlagen der Kundenzufriedenheit

2.1 Stellung der Kundenzufriedenheit im Kundenbeziehungs-Lebenszyklus

Der auch als **Customer Life Cycle** bezeichnete Kundenbeziehungs-Lebenszyklus (vgl. Abb. 1):

- basiert auf **Analogien** zum Leben von Organismen und

- betrachtet die Beziehungen zum Kunden im **Zeitablauf** (vgl. *Fischer* 2001, S. 1407 ff.; *Stauss* 2000, S. 15).

Vergleichbar mit dem Produkt-Lebenszyklus durchlaufen Unternehmen in ihrer Beziehung zum Kunden (idealtypische) Phasen, welche die Grundlage für eine **differenzierte Kundenbearbeitung** bilden (vgl. *Bruhn* 2001, S. 43 ff.).

Dabei werden folgende **Annahmen** getroffen:

- Die Beziehung zu den Kunden ist **zeitlich begrenzt**, was aber nur zum Teil mit deren Ableben erklärt werden kann.

- Die Entwicklung der Kundenbeziehung folgt einem **S-förmigen Verlauf**. Deren Intensität erreicht einen gewissen Höhepunkt und nimmt anschließend ab. Dieser Entwicklung entgegenzuwirken, ist Aufgabe des Marketing.

- Die jeweilige Position des Kunden im Kundenbeziehungs-Lebenszyklus beeinflusst den Einsatz der **Marketing-Instrumente** unmittelbar.

- Bestimmte Phasen des Lebenszyklus lassen sich abgrenzen und anhand bestimmter **Punkte der Kurve** (z. B. Wendepunkte, Krümmungsverhalten) beschreiben.

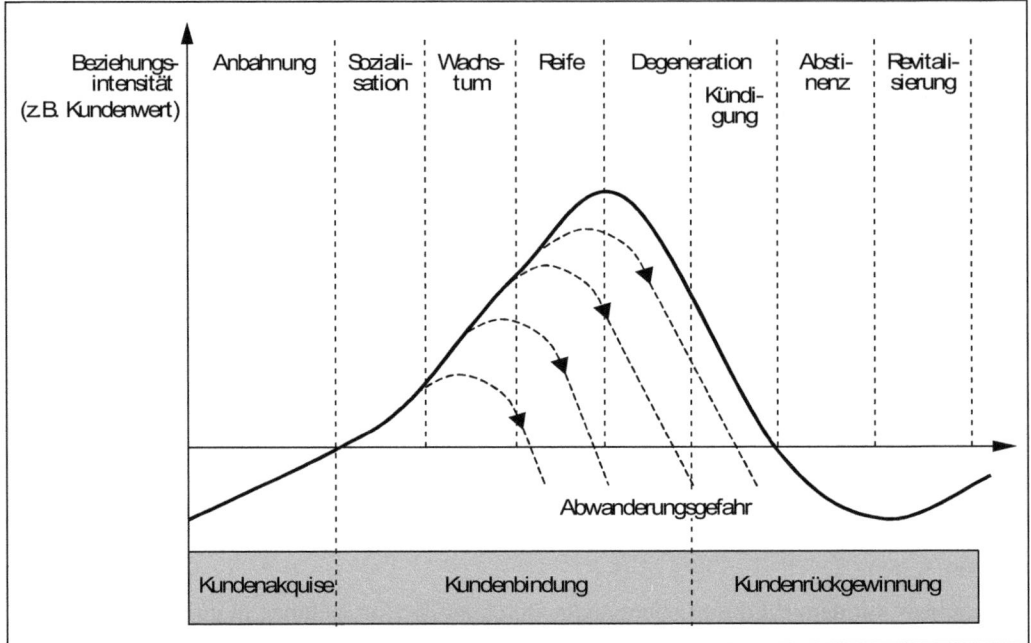

Abb. 1: Der Kundenbeziehungs-Lebenszyklus
       (Quelle: in Anlehnung an Stauss 2000, S. 16)

Konkret lassen sich **drei Phasen** unterscheiden:

(1)   Kundenakquise

Ein Unternehmen tritt in dieser Phase erstmals mit potentiellen Kunden in Kontakt, zu denen insbesondere Erstverwender sowie Kunden der Wettbewerber gehören. Entscheidend dabei ist es, attraktive Kundensegmente, d. h. Kunden mit einem großen „Kundenwert" zu **identifizieren** und mit Hilfe des Marketing als Kunden zu **gewinnen**.

(2)   Kundenbindung

Unternehmen sollten ihre attraktiven Kunden möglichst langfristig an sich binden, indem sie rentable Kundenbeziehungen **stabilisieren** und nicht rentable **abbauen**, bspw. durch Ausgrenzung (z. B. Annahme einer Bestellung erst ab einem bestimmten Auftragsvolumen) oder eine Passivstrategie.

(3)   Kundenrückgewinnung

Trotz aller gut gemeinten Anstrengungen und Bemühungen wird ein Unternehmen einen Teil seiner Kunden verlieren. Ziel dieser Phase ist es deshalb, durch gezielte Marketingmaßnahmen jene Kunden, die attraktiv sind, die aber ihre Beziehung zum Unternehmen

- ruhen lassen (= Revitalisierungsmanagement),

- abbrechen möchten (= Kündigungspräventionsmanagement) bzw.

- abbrechen (= Kündigungsmanagement),

zu identifizieren und zurück zu gewinnen (vgl. Abb. 2). In diesem Buch geht es indessen vorzugsweise um das in der Phase der Kundenbindung angesiedelte **Kundenzufriedenheitsmanagement**. Dessen vornehmliches Ziel ist es, Geschäftsbeziehungen zu stabilisieren.

Phase im Lebenszyklus	Anbahnung	Sozialisation	Wachstum und Reife	Degeneration/Abwanderungsgefahr		Kündigung	Revitalisierung
Ziel	• Anbahnung neuer Geschäftsbeziehungen	• Festigung neuer Geschäftsbeziehungen	• Stärkung stabiler Geschäftsbeziehungen	• Stabilisierung gefährdeter Beziehungen (zu Beschwerdeführern)	• Verhinderung von Kündigungen	• Rücknahme von Kündigungen	• Wiederanbahnung der Geschäftsbeziehung
Kundenorientierte Managementaufgabe	• Interessentenmanagement	• Neukundenmanagement	• Zufriedenheitsmanagement	• Beschwerdemanagement	• Kündigungspräventionsmanagement	• Kündigungsmanagement	• Revitalisierungsmanagement
	Kundenakquise	**Kundenbindung**				**Kundenrückgewinnung**	

Abb. 2: Managementaufgaben im Kundenbeziehungs-Lebenszyklus
  (Quelle: in Anlehnung an Stauss 2002)

2.2   Confirmation-Disconfirmation-Paradigma

2.2.1   Modell

Dem Confirmation-Disconfirmation-Paradigma folgend (vgl. Abb. 3) ist Kundenzufriedenheit das Ergebnis eines **Soll-Ist-Vergleichs** zwischen den wahrgenommenen objektiven Gegebenheiten (= **Ist-Wert**) und den Erwartungen (= **Soll-Wert, Anspruchsniveau**), die aufgrund eigener und fremder Erfahrungen permanent modifiziert werden. Dieser Ansatz ist in der Kundenzufriedenheitsforschung (vgl. *Oliver* 1997) weitgehend akzeptiert und verbreitet (vgl. *Stauss* 1999), was nicht zuletzt auf seine vergleichsweise gute theoretische Fundierung sowie auf die einfache Operationalisierbarkeit zurückzuführen ist (vgl. *Schwetje* 1999).

Unzufriedenheit wird durch zu hohe Erwartungen des Kunden, eine zu geringe Leistung des Unternehmens oder eine Kombination aus beidem hervorgerufen. **Zufriedenheit** stellt sich ein, wenn die Erwartungen des Kunden an das Unternehmen erfüllt wurden. Begeisterung schließlich kann man dann beobachten, wenn ein Anbieter die Erwartungen deutlich übertroffen hat.

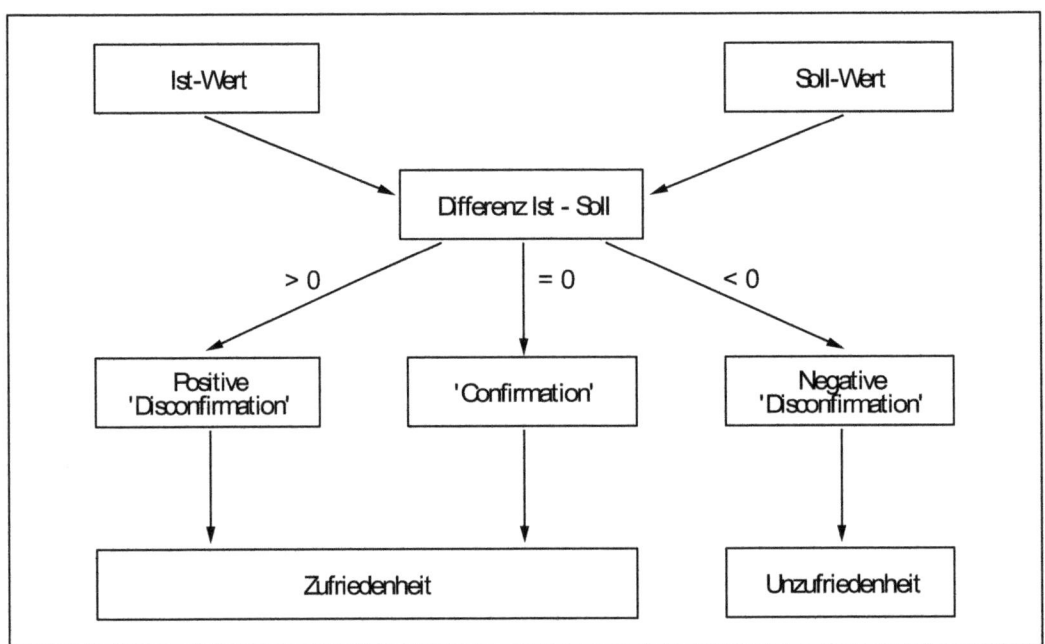

Abb. 3: Das Confirmation-Disconfirmation-Paradigma

2.2.2 Wahrgenommene Leistung

Nach dem von *Parasuraman/Zeithaml/Berry* (1985, S. 41 - 50) entwickelten **Servqual-Ansatz** lässt sich die Leistung eines Anbieters in **fünf Dimensionen** untergliedern, die ihrerseits anhand der folgenden **22 Eigenschaften** erfasst werden (vgl. *Parasuraman/Zeithaml/Berry* 1988, S. 31; *Zeithaml/Parasuraman/Berry* 1992, S. 202):

- **Zuverlässigkeit** (Reliability): Die Zuverlässigkeit eines Betriebes, die versprochenen Leistungen zeitlich und qualitativ erfüllen zu können.

    - Versprochene Termine werden auch eingehalten.
    - Das Interesse ist erkennbar, ein Problem zu lösen.
    - Der Service wird gleich beim ersten Mal richtig ausgeführt.
    - Die Dienste werden zum versprochenen Zeitpunkt ausgeführt.
    - Die Belege für die Kunden sind fehlerfrei.

- **Leistungs- und Fachkompetenz** (Competence): Versicherung, dass die in Aussicht gestellte Leistung fachgerecht (kompetent) und rasch erbracht werden kann.

    - Das Verhalten der Mitarbeiter weckt Vertrauen bei den Kunden.
    - Bei Transaktionen fühlt man sich sicher.
    - Mitarbeiter sind stets gleichbleibend höflich zu den Kunden.
    - Mitarbeiter verfügen über das Fachwissen zur Beantwortung von Kundenfragen.

- **Freundlichkeit und Entgegenkommen** (Responsiveness): Fähigkeit der Mitarbeiter eines Betriebes, auf Kundenwünsche einzugehen und diese zuvorkommend erfüllen zu können.

    - Mitarbeiter können über die Zeitpunkte einer Leistungsausführung Auskunft geben.
    - Mitarbeiter bedienen Kunden prompt.
    - Mitarbeiter sind stets bereit, den Kunden zu helfen.
    - Mitarbeiter sind nie zu beschäftigt, um auf Kundenwünsche einzugehen.

- **Einfühlungsvermögen** (Empathy): Fähigkeit der Mitarbeiter und Mitarbeiterinnen eines Betriebes, sich in die Kunden einzufühlen und die Erwartungen und Bedürfnisse zu erkennen.

    - Jedem Kunden wird individuell die Aufmerksamkeit gewidmet.
    - Die Dienste werden zu Zeiten angeboten, die allen Kunden gerecht werden.
    - Mitarbeiter widmen sich den Kunden persönlich.

  - Interessen der Kunden liegen stets am Herzen.
  - Mitarbeiter verstehen die spezifischen Servicebedürfnisse ihrer Kunden.

- **Materielles Umfeld** (Tangibles): Dazu zählen insbesondere das Erscheinungsbild und die Ausstattung eines Betriebes.

  - Die technische Ausstattung ist modern.
  - Die Einrichtungen fallen angenehm ins Auge.
  - Die Mitarbeiter sind ansprechend gekleidet.
  - Die Broschüren und Mitteilungen für die Kunden sind ansprechend gestaltet.

Beim **Servqual-Ansatz** handelt es sich um standardisiertes Verfahren zur Messung der Qualität von Dienstleistungen und der daraus folgenden Kundenzufriedenheit. Hierbei wird eine **7stufige** *Likert*-Skala verwendet, deren Ausprägungen von „stimme ich völlig zu" (7) bis „lehne ich völlig ab" (1) reicht. Der diesbezügliche Fragebogen umfasst 44 Einzelfragen:

- 22 Fragen zur Erfassung der Wahrnehmungskomponente

- 22 Fragen zur Erfassung der Erwartungskomponente

Zufriedenheit wird anhand der Differenz zwischen den Erwartungen des Kunden („so sollte es sein") und der tatsächlich erlebten Leistung („so ist es") gemessen.

Im Gegensatz zum Servqual-Ansatz untergliedert *Kano* in seinem gleichnamigen Modell die Anforderungen von Kunden in **drei Leistungskategorien** (vgl. Abb. 4 sowie *Froböse/Kaapke* 2000, S. 108 – 109):

- **Basisanforderungen**: Diese stellen Muss-Kriterien dar. Ihre Nichterfüllung führt zu extremer Unzufriedenheit, ihre Erfüllung jedoch lediglich zu Nichtunzufriedenheit. Die entsprechenden Leistungen sind selbstverständlich und offenkundig, so dass sie vom Anbieter in dessen Kommunikationspolitik nicht artikuliert werden (Kauf PKW: Sicherheit, Rostschutz). Offenkundig ist hier die Analogie zu den Hygiene-Faktoren im Arbeitszufriedenheitsmodell von *Herzberg*.

- **Leistungsanforderungen**: Hierbei handelt es sich um Sollkriterien, mit deren zunehmender Erfüllung die Zufriedenheit des Kunden steigt. Werden diese Kriterien hingegen nicht erfüllt, erhöht sich die Unzufriedenheit (Erwerb PKW: Fahreigenschaften, Beschleunigung, Lebensdauer, Verbrauch).

- **Begeisterungsanforderungen**: Da diese Leistungskomponenten, analog zu den Motivatoren im Modell von *Herzberg*, vom Kunden nicht erwartet werden, löst deren Nichterfüllung keine Unzufriedenheit aus. Werden sie jedoch erfüllt, ist der Kunde begeistert, weil er diese Leistungen weder erwartet noch gefordert hat (Kauf PKW: Sonderausstattung, Design).

Problematisch hierbei ist, dass ein Anbieter im Begeisterungsbereich permanent variieren muss, dass die Gefahr besteht, dass eine Begeisterungsleistung nach deren erstmaligen Erbringung beim Kunden zur Leistungsanforderung mutiert.

Die drei Leistungskategorien lassen sich am Beispiel eines **Werkstattaufenthalts** veranschaulichen. Die Basisanforderung, die der Kunde an die Werkstätte stellt, besteht in der sachgemäßen Reparatur bzw. Wartung des Fahrzeugs. Die Einhaltung von Terminzusage und Kostenvoranschlag repräsentiert die Leistungsanforderung. Werden Termin bzw. Kosten unter- bzw. überschritten, führt dies zu Zufriedenheit bzw. Unzufriedenheit. Eine Begeisterungsleistung schließlich könnte in der Bereitstellung eines Leihwagens, der Reinigung des Fahrzeugs oder der Zugabe eines Winterpakets (Türschlossenteiser, Scheibenwischkonzentrat, Enteisungsspray) liegen, ohne dies dem Kunden in Rechnung zu stellen.

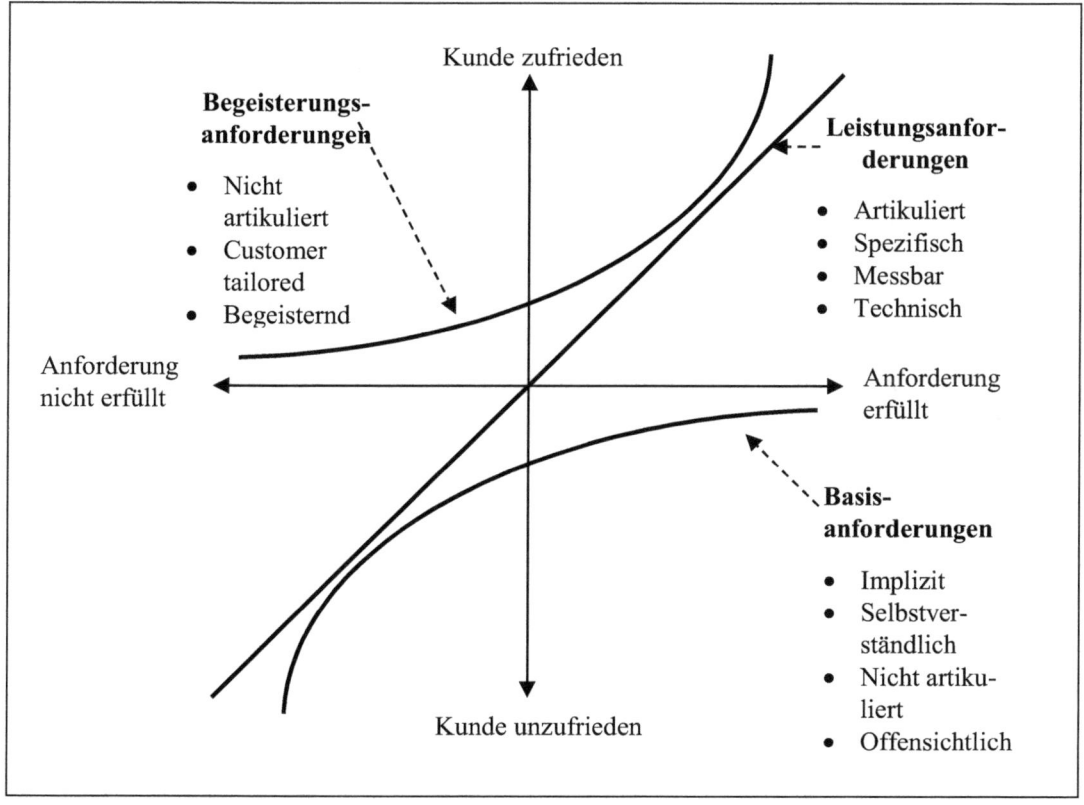

Abb. 4: Das Kano-Modell der Kundenzufriedenheit (Quelle: Berger u. a. 1993, S. 26)

Das *Kano*-Modell der Kundenzufriedenheit wurde im Laufe der Zeit um **zwei Anforderungen** erweitert:

- **Unerhebliches Merkmal (Equal)**: Erfüllung bzw. Nicht-Erfüllung hat keinen Einfluss auf Unzufriedenheit bzw. Zufriedenheit (Kauf PKW: für bestimmte Zielgruppen Schiebedach)

- **Rückweisungs-Merkmal**: Führen bei Vorhandensein zu Unzufriedenheit, bei Fehlen jedoch nicht zu Zufriedenheit (Kauf PKW: für bestimmte Zielgruppen Rostflecken, abgelaufene Haupt-Untersuchung)

Wie aber lässt sich feststellen, um welche Leistungskategorie es sich im konkreten Fall handelt. Hierzu hat *Kano* eine **fünfstufige Skala** mit folgenden **Antwortmöglichkeiten** entwickelt:

- Das würde mich sehr freuen.

- Das setze ich voraus.

- Das ist mir egal.

- Das nehme ich gerade noch hin.

- Das würde mich sehr stören.

Zu jedem Merkmal (Kauf eines PKW: etwa Schiebedach, Ledersitze, Einparkhilfe, verlängerte Garantiefristen, Rückfahrkamera etc.) werden folgende **Fragen** gestellt:

- **Funktional** (positiv formuliert)

  – Was würden Sie sagen, wenn das Produkt über ... verfügt?

  – Was würden Sie sagen, wenn es mehr ... gäbe?

- **Dysfunktional** (negativ formuliert)

  – Was würden Sie sagen, wenn das Produkt NICHT über ... verfügt?

  – Was würden Sie sagen, wenn es weniger ... gäbe?

Aus der **Kombination** der **Antworten** auf die funktionale und dysfunktionale Frage ist die Typisierung kann nun eine **Typisierung** der einzelnen **Leistungsmerkmale** erfolgen:

Funktional:	**Dysfunktional:**
Das setze ich voraus + → Basis-Merkmal	Das würde mich sehr stören -
Das würde mich sehr freuen + → Leistungs-Merkmal	Das würde mich sehr stören -
Das würde mich sehr freuen + → Begeisterungs-Merkmal	Das ist mir egal -
Das ist mir egal + → Unerhebliches Merkmal	Das ist mir egal -
Das würde mich sehr stören + → Rückweisungs-Merkmal	Das setze ich voraus -

Es wird deutlich, dass es sich bei der wahrgenommenen Qualität einer Leistung um ein mehrdimensionales Phänomen handelt. Die Erlebniswelt des Kunden erstreckt sich dabei über sämtliche Kontakte mit dem Anbieter in der **Vorkauf-, Kauf-** und **Nachkaufphase.** Zufriedenheit wird dabei nicht durch die objektive Qualität einer Leistung bestimmt, sondern durch das, was der Kunde wahrnimmt bzw. wahrnehmen möchte.

Dies hat für einen Anbieter zur **Konsequenz,** dass der Kunde darüber informiert werden muss, welche (Teil-)Leistungen ein Produkt überhaupt bietet. Dass dies nicht selbstverständlich ist, wird offenkundig, wenn wir uns vergegenwärtigen, dass die Verbraucher bei einer Vielzahl von Produkten nur einen (Bruch-)Teil des Leistungsspektrums kennen. Man denke in diesem Zusammenhang etwa an die Programmier- und Nutzungsmöglichkeiten von TV-Fernbedienungen, Autoradios, Mikrowellengeräten oder Handys.

2.2.3 Erwartungen

Als Vergleichsstandard für die Beurteilung der Leistung zieht der Kunde die **Erwartungen** heran, die er mit dem Produkt, der Dienstleistung und/oder dem Anbieter verbindet und die eine dynamische, d. h. sich im Zeitablauf verändernde Größe darstellt (vgl. hierzu ausführlich *Herrmann/Seilheimer* 2000, S. 14 – 20). Erwartungen sind die Anforderungen, die ein Kunde an ein Produkt, eine Dienstleistung und/oder ein Unternehmen stellt.

Die Erwartungen ihrerseits werden von **vier Einflussgrößen** bestimmt (vgl. *Parasuraman/Zeithaml/Berry* 1985):

- mündliche Kommunikation der Kunden

- persönliche Situation der Kunden

- zurückliegende Erfahrungen mit dem Anbieter

- Kommunikation des Anbieters.

Insbesondere der letzte Punkt macht deutlich, dass ein nicht unerheblicher Teil der Unzufriedenheit der Kunden durch Unternehmen selbst verschuldet wird. Denn leider nur allzu oft wecken Unternehmen in der Werbung oder im Verkaufsgespräch Erwartungen, denen die Realität nicht standhalten kann. Hier drängt der Wunsch nach einem schnellen Geschäftsabschluss das Ziel einer langfristigen, vertrauensvollen Beziehung zum Kunden in den Hintergrund.

Folgende **Arten von Erwartungen** lassen sich identifizieren (vgl. *Georgi* 2001):

- **Erwünschtes Niveau:** Hierunter versteht man die Leistung, die sich der Kunde wünscht und die der Anbieter liefern soll. Hier entsprechen also die Erwartungen den Wünschen des Kunden.

- **Idealniveau:** Diese Erwartung markiert die aus Sicht des Kunden bestmögliche und damit nicht mehr zu überbietende Leistung.

- **Typisches Niveau:** Dies ist die Vorstellung von der typischen oder durchschnittlichen Qualität einer Leistung und bezieht sich häufig auf eine bestimmte Klasse von Produkten oder Dienstleistungen. Wer z. B. häufig in einer bestimmten Hotelkette absteigt oder in Restaurants derselben Fast-Food-Kette speist, der bildet Erwartungen darüber, welche Qualität das Essen in solchen Restaurants hat oder welchen Komfort und welchen Service ein Hotel dieser Kette bietet.

- **Minimal tolerierbares Niveau:** Hier repräsentieren Erwartungen die Vorstellung davon, was eben noch akzeptabel ist. Bei einer Übernachtungsmöglichkeit können das z. B. ein sauberes Bett und entsprechende sanitäre Einrichtungen sein. Auf Komfort wie ein Fernsehgerät oder eine Minibar mag man notfalls verzichten.

2.3 Reaktionen der Kunden auf (Un-)Zufriedenheit

Kundenzufriedenheit gilt als einer der zentralen Faktoren des Unternehmenserfolgs. Ist der Kunde unzufrieden, entgehen dem betroffenen Unternehmen nicht nur Erlöse, sondern es fallen auch Aufwendungen für Nachbesserung, Kulanzregelungen sowie gelegentlich auftretende Regressansprüche an.

Verantwortlich hierfür sind:

- **Beschwerden** gegenüber Unternehmen und Dritten wie z. B. Verbraucherschutzeinrichtungen, Schiedsstellen und Medien. Grundsätzlich kann davon ausgegangen werden, dass Kundenunzufriedenheit in weit stärkerem Maße zu Abwanderung als Kundenzufriedenheit zu Loyalität führt.

- **Negative Mund-zu-Mund-Werbung**, d. h. er bringt seine Unzufriedenheit mit den Leistungen des Unternehmens bei Freunden, Bekannten und Kollegen zum Ausdruck. Untersuchungen belegen, dass unzufriedene Kunden bis zu 15 Bekannten, Freunden und Verwandten von ihrem negativen Erlebnis berichten.

- **Abwanderung**, d. h. der Kunde wechselt bei Unzufriedenheit den Anbieter (totale Abwanderung) oder zumindest die Marke (partielle Abwanderung) bzw. boykottiert ein Unternehmen im Extremfall.

Gleichwohl reagiert ein Kunde nicht auf jedes negative Erlebnis. Falls er trotz Verärgerung nichts unternimmt und das Unternehmen dieses Verhalten – fälschlicherweise – als Zustimmung interpretiert, läuft es Gefahr, die mangelnde Bedürfnisgerechtigkeit seines Angebots nicht oder zu spät zu erkennen. Gründe, dass der Kunde **trotz Unzufriedenheit nicht reagiert**, können sein:

- Der Kunde verzichtet auf eine Beschwerde, da ihm der Mut fehlt, der Nutzen aus seiner Sicht in keinem vernünftigen Verhältnis zum Aufwand steht und/oder er die entsprechenden Beschwerdekanäle nicht kennt. In diesem Kontext spricht man von **„Beschwerden als Spitze des Eisbergs Unzufriedenheit"**, d. h. nur ein geringer Teil der unzufriedenen Kunden beschwert sich beim Unternehmen. In der Unternehmenspraxis werden niedrige Beschwerdezahlen jedoch häufig fälschlicherweise als Ausdruck von Kundenzufriedenheit interpretiert.

- Das Unternehmen verfügt über eine Monopolsituation. Dem Kunden stehen folglich keine Alternativen zur Verfügung.

- Der Kunde ist durch entsprechende Instrumente an das Unternehmen gebunden und kann folgerichtig nicht abwandern (vgl. Abschnitt 4.2).

Je zufriedener ein Kunde, desto

- größer ist seine Absicht bzw. Bereitschaft, das betreffende Produkt erneut zu kaufen (**Wieder-holungskauf**; vgl. z. B. *Mittal/Kamakura* 2001; *Meyer/Dornach* 1995; *Dabholkar/Thorpe* 1994; *Rust/Zahorik* 1993; *Cronin/Taylor* 1992) bzw. je weniger ist er bereit, abzuwandern bzw. die Marke zu wechseln (vgl. z. B. *Oliver* 1987; *Andreasen* 1985),

- größer ist seine **Zahlungsbereitschaft** bzw. desto geringer ist seine **Preissensitivität** (vgl. z. B. *Adam* u. a. 2002; *Koschate* 2002; *Meyer/Dornach* 1992),

- eher ist er bereit, auch andere Produkte bzw. Dienstleistungen des Anbieters in Anspruch zu nehmen (= **Cross-Selling**; vgl. z. B. *Meyer/Dornach* 1996),

- größer ist seine Bereitschaft, das Unternehmen bzw. dessen Leistungen **weiterzuempfehlen** (vgl. z. B. *Meyer/Dornach* 1996). Positive Erfahrungen werden dabei an durchschnittlich drei Personen weitergeleitet, negative an mindestens neun (vgl. z. B. *Scharioth* 1993).

Hinzu kommt, dass zufriedene Kunden **kostengünstiger** zu betreuen sind, da sich die Beziehung mit ihnen eingespielt hat. Dadurch sinken im Regelfall die Marketing- und Vertriebskosten, der Informations- und Koordinationsbedarf nimmt ab.

In der Unternehmenspraxis ist immer wieder zu beobachten, dass Kunden aufgrund des Wunsches nach Abwechslung abwandern, obwohl sie zufrieden sind (sog. **Variety-Seeking**). In diesen Fällen kann von Kundenzufriedenheit nicht unbedingt auf Kundenloyalität geschlossen werden, d. h. hier müssen die **Instrumente der Kundenbindung** eingesetzt werden (vgl. Abschnitt 4.2).

Abbildung 5 vermittelt einen zusammenfassenden Überblick über die Reaktionen des Kunden auf (Un-)Zufriedenheit.

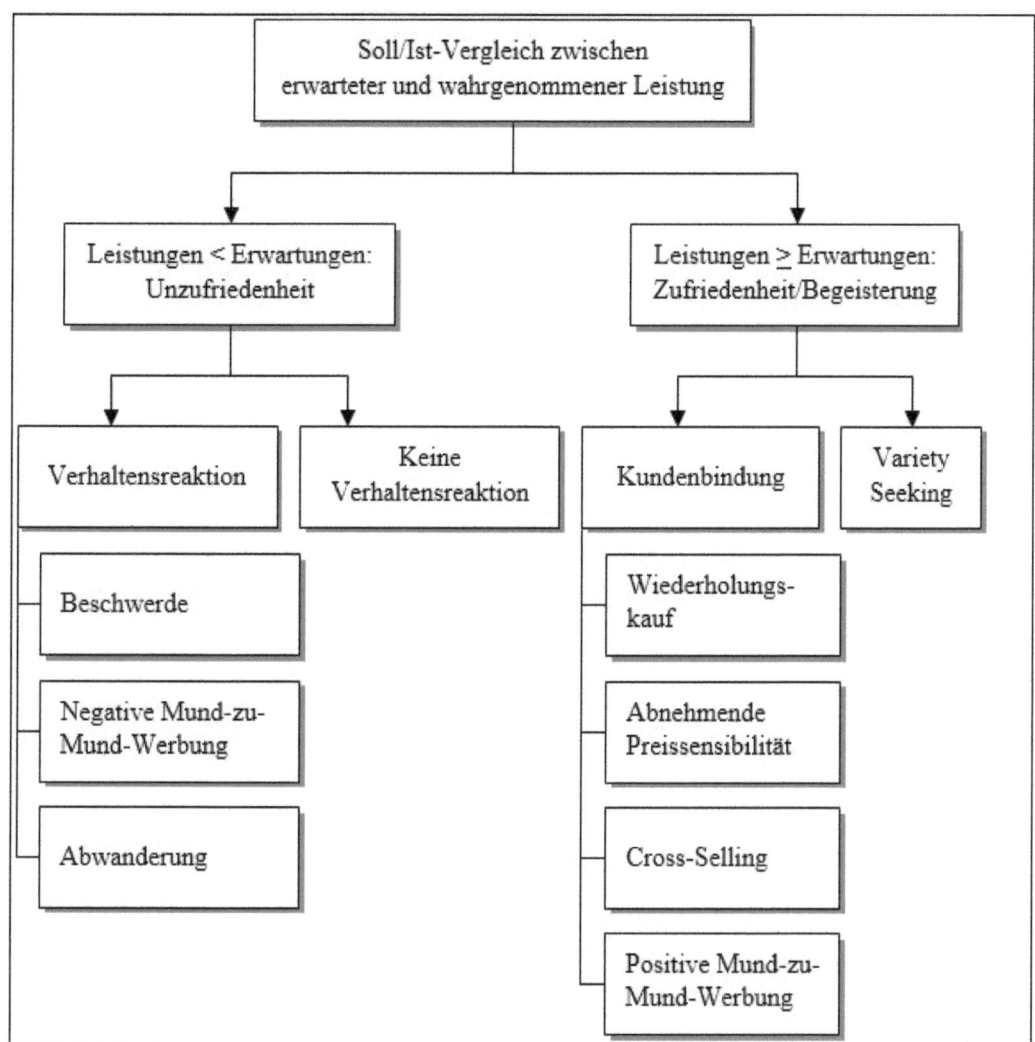

Abb. 5: Reaktionen des Kunden auf (Un-)Zufriedenheit

3 Messung der Kundenzufriedenheit

3.1 Funktionen

Wer als Unternehmen die Zufriedenheit seiner Kunden analysiert, erfüllt damit **drei wichtige Funktionen** (vgl. *Günter* 1995, S. 279 ff.).

(1) Behebung von Einzelfällen (= **Reparaturfunktion**):
Zunächst konzentriert man sich darauf, einzelne Fälle von Unzufriedenheit aufzuspüren und das negative Urteil unzufriedener Kunden über das Unternehmen und dessen Leistungen zu korrigieren. Das Spektrum der Möglichkeiten reicht dabei von Umtausch über Reparatur, Schadenersatz, Preisnachlass, Geldrückgabe, Beratung, kleine Geschenke bis hin zu Gutscheinen, Entschuldigung u. ä.

(2) Ermittlung von Verbesserungspotential (= **Lernfunktion**)
Unternehmen, die sich darauf beschränken, Einzelfälle zu beheben, ändern damit freilich nichts an der zukünftigen Qualität ihrer Leistungen, so dass dieselben Fehler grundsätzlich immer wieder auftreten können. Wer indessen aus den negativen Erfahrungen lernen und seine Leistung verbessern will, sollte die aufgetretenen negativen Ereignisse

- dokumentieren,

- auswerten und

- diskutieren.

Nur so können Unternehmen – zusammen mit ihren Mitarbeitern – aus Fehlern lernen und Verbesserungspotential erkennen.

(3) Kennzahlen für das Personal-Management (= **Anreizfunktion**)
Diese Funktion ist mit den beiden anderen unmittelbar vernetzt, da sie diese unterstützt bzw. flankiert. Denn wer Kundenzufriedenheit propagiert, weil er seinem Unternehmen einen ökonomischen Nutzen bescheren will, der muss die Mitarbeiter konsequenterweise an diesem Prozess beteiligen und damit am Erfolg teilhaben lassen – idealerweise durch **Intrapreneurship**, d. h. durch „Unternehmertum im Unternehmen". Hierfür eignet sich ein auf Kundenzufriedenheit basierendes Anreizsystem, welches wiederum voraussetzt, dass Kundenzufriedenheit kontinuierlich erfasst wird.

3.2   Verfahren

3.2.1   Überblick

Zur Messung bzw. Analyse der Kundenzufriedenheit stehen zahlreiche Verfahren zur Verfügung (vgl. z. B. *Bruhn* 2006; *Homburg* 2006; *Töpfer* 2006; *Kaiser* 2005). Im Folgenden fokussieren wir bewusst auf diejenigen Messansätze, die sich in der Unternehmenspraxis bewährt haben und die mit einem vernünftigen Erhebungsaufwand verbunden sind.

Wenn man einen fundierten Einblick in die Zufriedenheit der Kunden gewinnen will, bieten sich grundsätzlich **zwei Messansätze** an (vgl. Tab. 1):

- **Objektorientierte/objektive Verfahren:**

    Diese werden in der Unternehmenspraxis am häufigsten eingesetzt. Objektorientiert/objektiv bedeutet, dass Größen, die nicht auf der Einschätzung der Kunden basieren, sondern am betreffenden Unternehmen anknüpfen. Neben Leistungskennzahlen wie Umsatz oder Wiederkäuferrate zählen zu dieser Kategorie die Auswertung von Reklamationen, Garantiefällen und Beschwerden sowie die Durchführung von Qualitätskontrollen (beispielsweise Testkäufe).

- **Subjektorientierte/subjektive Verfahren:**

    Anders als bei den objektiven Verfahren sind hier nicht „harte Fakten" Gegenstand der Betrachtung. Im Mittelpunkt steht vielmehr die (subjektive) Einschätzung der Kunden bezüglich der Leistungsqualität eines Unternehmens. Zu diesem Zweck bedient man sich der Kundenbefragung. Grundsätzlich lässt sich zwischen merkmalsgestützten und ereignisorientierten Verfahren unterscheiden. Im Falle der merkmalsgestützten Verfahren muss der Kunde ein Unternehmen bzw. dessen Produkte als Ganzes (eindimensionale Messung) oder bestimmte Eigenschaften derselben (mehrdimensionale Messung) zu bewerten. Bei den ereignisorientierten Verfahren wird der Kunde aufgefordert, positive bzw. negative Erfahrungen mit dem Unternehmen frei zu schildern.

Objektive/objektorientierte Verfahren	Subjektive/subjektorientierte Verfahren
Erfassung von Kennzahlen/KPIs	Merkmalsgestützte Verfahren
• Finanzkennzahlen	• Eindimensionale Messung
• Kundenorientierte Kennzahlen	• Mehrdimensionale Messung
Auswertung von	Ereignisorientierte Verfahren
• Reklamationen	• Methode der kritischen Ereignisse
• Garantiefällen	• Sequenzielle Ereignis-Methode
• Beschwerden	
Testkäufe	
Warentests	

Tab. 1: Verfahren zur Messung von Kundenzufriedenheit

3.2.2   Objektive Verfahren

3.2.2.1   Erfassung von Kennzahlen

3.2.2.1.1   Überblick

Vermeintliche Rückschlüsse auf die Zufriedenheit der Kunden erlauben bspw. Finanz-Kennzahlen wie Marktanteil, Umsatz, Gewinn und Rendite (Return on investment). Dahinter steht die Überlegung, dass Kundenzufriedenheit zu ökonomischem Erfolg führt und sich folglich an diesem ablesen lässt. Derartige **Kennzahlen** haben jedoch verschiedene **Nachteile**: Sie

*   sind i. d. R. sog. **Spätindikatoren**, d. h. Kennzahlen, die erst mit erheblicher zeitlicher Verzögerung das wahre Ausmaß der Kundenzufriedenheit zu erkennen geben. Beispielsweise lässt sich die (Un-)Zufriedenheit der Kunden häufig erst nach einem längeren Zeitraum am Gewinn (= Spätindikator) ablesen.

- geben **keine Auskunft** über die **Ursachen** einer bestimmten Entwicklung und liefern damit keine Ansatzpunkte für eventuell notwendige Korrekturmaßnahmen.

- werden nicht nur von der Kundenzufriedenheit beeinflusst, sondern von einer **Vielzahl weiterer Faktoren** (z. B. Verhalten der Konkurrenten, Budget der Konsumenten).

- Vor diesem Hintergrund erscheint es zweckmäßig, Kennzahlen heranzuziehen, die eine Stufe früher und damit unmittelbar am Kunden ansetzen. Eine Auswahl solcher kundenorientierten Kennzahlen findet sich im Folgenden.

3.2.2.1.2 Kundenabwanderungsrate

(auch Customer Churn Rate, Kundenverlustintensität; in %)

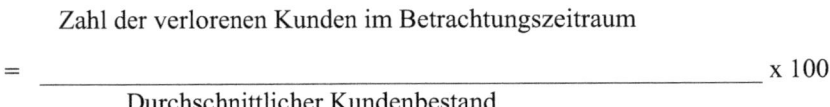

$$= \frac{\text{Zahl der verlorenen Kunden im Betrachtungszeitraum}}{\text{Durchschnittlicher Kundenbestand}} \times 100$$

Diese Kennzahl bringt zum Ausdruck, wieviel Prozent der Kunden dem Unternehmen im Betrachtungszeitraum den Rücken kehren, und ist damit das genaue Gegenteil der Kundenzuwanderungsrate bzw. Zuwanderungsrate.

Da es im Regelfall deutlich kostengünstiger ist, Kunden an das Unternehmen zu binden, als neue Kunden zu gewinnen, müssen den Ursachen der Abwanderung auf den Grund gegangen und entsprechende Gegenmaßnahmen eingeleitet werden.

Beispiel

Ein Unternehmen hat einen durchschnittlichen Bestand von 2.000 Kunden und verliert hiervon im Jahr 300 Kunden. Die Kundenabwanderungsrate beträgt 15 % = (300 Kunden : 2000 Kunden) x 100.

Quellen

Im Regelfall wird die Kundenabwanderungsrate bestimmt, indem man feststellt, wie viele Kunden auf Folgeaufträge verzichten. Erste Anhaltspunkte hierfür bieten die Kündigungsrate (z. B. bei Zeitschriftenanbietern, Versicherungen) oder der Verzicht auf die Befriedigung von Ersatzbedarf

(z. B. bei Bürofachgeschäften, Kopiergeräteherstellern), welche der Kundendatenbank zu entnehmen sind.

Interpretation

Neben unvermeidbaren Ursachen wie Tod von Kunden oder Erlöschen des Bedarfs sind in diesem Zusammenhang im Wesentlichen **drei Ursachen** für **Abwanderung** zu nennen:

- Räumliche Abwanderung: Der Kunde ist aus dem Einzugsgebiet des Unternehmens weggezogen. In diesem Fall stehen keine Instrumente zur Verfügung, so dass ein gewisser Prozentsatz an Kundenverlustintensität unweigerlich hingenommen werden muss.

- Abwanderung aus Unzufriedenheit: Hier sollte ein Unternehmen entsprechende Gegenmaßnahmen einleiten. Dazu zählen in erster Linie die Erhöhung der Kundenzufriedenheit, die Verbesserung des Beschwerdemanagements sowie die Rückgewinnung abgewanderter Kunden.

- Variety-Seeking: Der Wunsch nach Abwechslung lässt auch zufriedene Kunden das Unternehmen wechseln.

In der Unternehmenspraxis ist immer wieder festzustellen, dass die meisten Mitarbeiter nur vage Vorstellungen darüber haben, wie viele Kunden jedes Jahr wegen mangelnder Zufriedenheit mit den Produkten und Serviceleistungen abwandern und welcher Profit ihrem Unternehmen dadurch verloren geht. Um den wirtschaftlichen Schaden, der durch den Verlust unzufriedener Kunden entsteht, abschätzen und damit letztlich den eigenen Mitarbeitern vermitteln zu können, sollte die Kundenabwanderungsrate mit dem Kundenwert verknüpft werden.

Maßnahmen zur Beeinflussung

Um dem Kunden stärker an das Unternehmen zu binden und damit der Abwanderung entgegenzuwirken, muss ein Unternehmen die Kundenzufriedenheit steigern. Daneben müssen die **Instrumente** der **Kundenbindung** intensiver eingesetzt werden (vgl. Abschnitt 4.2).

Grenzen

Bei der Bewertung der Kundenabwanderungsrate gilt es zu berücksichtigen, dass ein bestimmter Anteil abgewanderter Kunden trotz aller Anstrengungen nicht mehr zurückgewonnen werden kann. Hierzu zählen beispielsweise diejenigen Kunden, die den Wohnort gewechselt haben und nun nicht mehr im Einzugsgebiet des Unternehmens ansässig sind.

Unter Renditegesichtspunkten kann es durchaus sinnvoll sein, dass unrentable Kunden abwandern. Deshalb sollte bei den Rückgewinnungsaktivitäten immer der jeweilige Kundenwert im Blick behalten werden.

3.2.2.1.3   Kundenfluktuation

(in %)

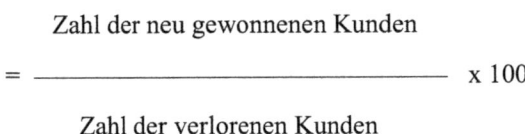

Die Kundenfluktuation bringt das Verhältnis von neu gewonnenen zu verlorenen Kunden zum Ausdruck.

Beispiel

Ein Mobilfunkanbieter hat im Betrachtungszeitraum 900.000 neue Kunden gewonnen. Im gleichen Zeitraum haben 600.000 Kunden ihre Verträge gekündigt. Damit betrug die Kundenfluktuation 150 % = (900.000 : 600.000) x 100. Demnach werden 50 % mehr Kunden gewonnen, als im gleichen Zeitraum abwandern.

Quelle

Die Daten für die Berechnung der Kundenfluktuation sind der Kundenstatistik zu entnehmen. Diese wird in aller Regel von der Vertriebsabteilung geführt.

Interpretation

Eine Kundenfluktuation über 100 % bringt zum Ausdruck, dass mehr Kunden gewonnen als verloren werden. D. h. der Kundenstamm wächst, was insbesondere in wachsenden Märkten von hoher Bedeutung ist.

Eine Kundenfluktuation kleiner als 100 % bedeutet, dass mehr Kunden abwandern als neue hinzugewonnen werden, d. h. der Kundenstamm schrumpft.

Maßnahmen zur Beeinflussung

Einer hohen Kundenfluktuation kann auf **zwei Ebenen** entgegengewirkt werden:

- Einmal kann verstärkt Neukundenakquisition betrieben werden, was insbesondere in stagnierenden bzw. schrumpfenden Märkten mit einem vergleichsweise hohen Kostenaufwand verbunden ist.

- Zum anderen kann der Abwanderungsbewegung entgegengewirkt werden. Hierfür bieten sich neben einer **Steigerung** der **Kundenzufriedenheit** die **Instrumente** der **Kundenbindung** (vgl. Abschnitt 4.2) an.

Grenzen

Eine hohe Kundenfluktuation muss nicht unbedingt von Nachteil sein, da es durchaus ökonomisch sinnvoll sein kann, wenn unrentable Kunden abwandern. Deshalb muss unbedingt auch der Deckungsbeitrag der abgewanderten Kunden im Blick behalten werden.

3.2.2.1.4   Wiederkäuferrate

(siehe auch Kundenbindungsgrad, Kundenloyalität/-treue, Markentreue; in %)

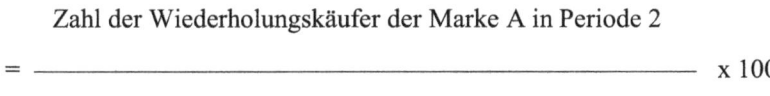

$$= \frac{\text{Zahl der Wiederholungskäufer der Marke A in Periode 2}}{\text{Zahl der Erstkäufer der Marke A in Periode 1}} \times 100$$

Die Wiederkäuferrate bringt zum Ausdruck, wie hoch der Anteil der Erstkäufer der Marke A, welche in der nächsten Periode wieder die Marke A kaufen. Damit dient die Wiederkäuferrate neben der Wiederkaufrate der Ermittlung der Markentreue von Kunden und ist letztlich eine Kennzahl für das Ausmaß der Kundenbindung und Kundenzufriedenheit. Daraus lässt sich die Stammkundenquote ableiten.

Beispiel

Eine neue Marke für Kartoffelchips wird auf dem deutschen Markt eingeführt. Im ersten Jahr kaufen 500.000 Personen dieses Produkt. Von diesen Erstkäufern bleiben im zweiten Jahr 125.000 Kunden der Marke treu, der Rest wendet sich anderen Produkten zu. Demnach beträgt die Wiederkäuferrate 25 % = 125.000 Wiederholungskäufer : 500.000 Erstkäufer) x 100.

Quellen

Der Einsatz dieser Kennzahl ist an die Voraussetzung geknüpft, dass die Erst- und Wiederholungskäufer in der betrieblichen Praxis identifiziert werden können. Dies kann über die in Haushaltspanels erhobenen Daten geschehen.

Als Panel bezeichnet man einen bestimmten, gleichbleibenden Kreis von Adressaten (im vorliegenden Fall Haushalte), bei dem wiederholt (in regelmäßig zeitlichen Abständen) Erhebungen zum (im Prinzip) gleichen Untersuchungsgegenstand durchgeführt werden. Hierbei werden mündliche, schriftliche oder telefonische Befragung oder Beobachtung eingesetzt. Die *GfK* und *Nielsen* führen solche Haushaltspanels durch.

Entsprechende Daten können bei Vorhandensein auch einer Kundendatenbank entnommen werden, die eventuell vom Einsatz einer Kundenkarte flankiert wird.

Interpretation

Die Wiederkäuferrate spielt eine wichtige Rolle im *Parfitt-Collins*-Modells. Hierbei handelt es sich um eine Planungshilfe, die auf einer Zerlegung des Marktanteils in **drei Komponenten** basiert: Neben der **Wiederkäuferrate** werden auch der **Feldanteil** (auch Marktpenetration, Penetration; = ([Anzahl der Abnehmer, die ein Produkt mindestens einmal gekauft haben : Anzahl der möglichen Abnehmer] x 100) sowie die **Kaufintensität** (= durchschnittliche Kaufmenge pro Käufer und Kaufakt oder durchschnittliche Kaufmenge pro Zeiteinheit) in die Analyse einbezogen.

Auf diese Weise gelingen instruktive Einblicke in die Ursachen des Marktanteils. Denn es ist etwas ganz anderes, ob ein hoher Marktanteil auf einer hohen Zahl von Erstkäufern, einer hohen Anzahl von Wiederholungskäufern oder einer hohen Anzahl von Intensivkäufern beruht.

Maßnahmen zur Beeinflussung

Hierfür bieten sich neben einer Steigerung der **Kundenzufriedenheit** die **Instrumente der Kundenbindung** (vgl. Abschnitt 4.2) an.

Grenzen

Bei der Berechnung der Wiederkäuferrate wird allgemein davon ausgegangen, dass zufriedene Kunden das Produkt bei Bedarf erneut kaufen, wohingegen unzufriedene Kunden abwandern. Dieser Zusammenhang gilt jedoch nur in den Fällen, in denen die Kunden nicht durch andere (ökonomische, juristische, technologische, soziale, psychologische und/oder situative) Instrumente gebunden sind. In solchen Fällen birgt die Fokussierung auf die Wiederkäuferrate die Gefahr in sich, dass unzufriedene Kunden in dem Moment abwandern, in dem die geschilderten Kundenbindungsinstrumente nicht mehr greifen.

Bei der Interpretation der Wiederkäuferrate muss ins Kalkül gezogen werden, dass dabei das Ziel der Kundenbindung im Vordergrund steht. Die Neukundenakquisition hingegen bleibt bei der Betrachtung dieser Kennzahl außen vor. Demnach birgt eine ausschließliche Betrachtung der Wiederkäuferrate insbesondere in wachsenden Märkten erhebliche Risiken in sich, so dass auch der Feldanteil in die Betrachtung einbezogen werden muss.

3.2.2.1.5   Cross-Selling-Quote

(in %)

$$= \frac{\text{Anzahl der Kunden, die \underline{auch} die Produkte B, C, und/oder D gekauft haben}}{\text{Gesamtzahl der Kunden, die Produkt A gekauft haben}} \times 100$$

Die Cross-Selling-Quote errechnet das Potenzial, Umsatzsteigerungen durch den Verkauf zusätzlicher Produkte oder Dienstleistungen (Zubehör, aber auch Waren aus anderen Produktbereichen) an vorhandene Kunden eines Unternehmens zu generieren. Eine hohe Cross-Selling-Quote spricht für eine effiziente Vertriebsstrategie und eine starke Kundenbindung. Besonders für Banken, Versicherungen und Unternehmen mit hoher Produktdiversifikation ist sie eine zentrale Kennzahl.

3.2.2.1.6   Preiselastizität der Nachfrage

$$= \frac{\text{Relative Nachfrageänderung}}{\text{Relative Preisänderung}}$$

Die relative Nachfrageänderung ist definiert als:

$$= \frac{\text{Neue Nachfragemenge} - \text{Alte Nachfragemenge}}{\text{Alte Nachfragemenge}} \times 100$$

Die relative Preisänderung ist definiert als:

$$= \frac{\text{Neuer Preis} - \text{Alter Preis}}{\text{Alter Preis}} \times 100$$

Die Preiselastizität der Nachfrage gibt darüber Auskunft, um wieviel Prozent der Absatz steigt, wenn der Preis um ein Prozent sinkt, bzw. umgekehrt, um wieviel Prozent der Absatz sinkt, wenn der Preis um ein Prozent steigt. Mit dieser Kennzahl lässt sich nachvollziehen, wie sich eine Preisänderung (= unabhängige Variable) auf die Nachfrage (= abhängige Variable) auswirkt. Wandert ein Kunde trotz Preissteigerung nicht zur Konkurrenz ab, kann das als Indiz dafür gewertet werden, dass er an dem Produkt bzw. Unternehmen aufgrund von Kundenzufriedenheit (Verbundenheit) und/oder bestehender Wechselbarrieren (Gebundenheit) festhält.

Dabei unterscheidet man zwischen einem Preis- und einem Mengeneffekt. Unter dem Preiseffekt versteht man den Umsatz, der durch eine Preissenkung bzw. -erhöhung verloren bzw. hinzugewonnen wird. Unter Mengeneffekt versteht man den Umsatz, der durch die mehr bzw. weniger abgesetzte Menge hinzukommt bzw. abnimmt.

Bei der Preiselastizität unterscheidet man **drei Ausprägungen**:

- **Preiselastizität < −1**: Hierbei handelt es sich um eine elastische Nachfrage. Der Mengeneffekt übersteigt den Preiseffekt, d. h eine Preissenkung führt zu steigenden Erlösen, eine Preiserhöhung zu sinkenden Erlösen.

- **Preiselastizität = −1**: Diesen Zustand bezeichnet man als indifferente Nachfrage. Hier wird der maximale Erlös erzielt.

- **Preiselastizität < –1**: Hierbei handelt es sich um eine unelastische Nachfrage. Der Preiseffekt überkompensiert den Mengeneffekt, d. h. eine Preissenkung führt zu sinkenden Erlösen, eine Preiserhöhung zu steigenden Erlösen.

Beispiel

Ein Anbieter senkt die Preise für Produkt A von 12 auf 9 €. Dadurch steigt der Absatz von 10.000 auf 15.000 Stück.

Die Preiselastizität der Nachfrage beträgt –2 = ((15.000 Stück – 10.000 Stück) : (10.000 Stück) : ((9 € – 12 €) : 12 €) = 0,5 : (–0,25).

Es handelt sich also um eine elastische Nachfrage, d. h. der Mengeneffekt übersteigt den Preiseffekt. Die Preissenkung bewirkt, dass der Umsatz von 120.000 € (= 12 € x 10.000 Stück) auf 135.000 € (9 € x 15.000 Stück) steigt.

Quellen

Um die Preiselastizität der Nachfrage in der Praxis zu ermitteln, bieten sich **drei Ansatzpunkte**:

- **Einschätzung der Experten** (z. B. Wirtschaftswissenschaftler, erfahrene Mitarbeiter, Unternehmensberater)

- **Befragung von Kunden**: „Was wäre der höchste Preis, den Sie für Produkt X zu zahlen bereit sind?" und „Was wäre der niedrigste Preis, den Sie für Produkt X ausgeben würden, ohne Zweifel an dessen Qualität zu hegen?"

- **Produkt-, Laden- und Markttests**: Beispielsweise kann ein Unternehmen in einer seiner Filialen innerhalb von zwei Zeiträumen (z. B. für jeweils eine Woche) für ein und dasselbe Produkt zwei unterschiedliche Preise verlangen. Können Störgrößen (etwa Wetter, Preisaktionen der Wettbewerber) weitgehend ausgeschlossen werden, dann ist eine etwaige unterschiedliche Nachfrage auf die unterschiedlichen Preise zurückzuführen, so dass die Preiselastizität gemessen werden kann.

Die entsprechenden Daten erhalten Groß- und Einzelhandelsunternehmen aus den Abverkaufszahlen, die dem **Warenwirtschaftssystem** zu entnehmen sind. Schwieriger wird es für Hersteller, da diese keinen unmittelbaren Einblick in die Abverkaufszahlen des Handels haben. In diesem Fall muss man sich die Daten aus sog. **Handelspanels** (= Längsschnittuntersuchungen bei Handelsunternehmen) beschaffen. Solche Handelspanels werden beispielsweise von der *GfK-Gesellschaft für Konsumforschung Nürnberg* durchgeführt.

Maßnahmen zur Beeinflussung

Produkte, die eine unelastische Nachfrage aufweisen, zeichnen sich dadurch aus, dass Kunden Preiserhöhungen akzeptieren (müssen) und nicht zur Konkurrenz abwandern. Eine geringe Preissensibilität und damit eine unelastische Nachfrage können durch Kundenzufriedenheit sowie den Einsatz der **Instrumente** der **Kundenbindung** (vgl. Abschnitt 4.2) gewährleistet werden.

Grenzen

Bei der Berechnung der Preiselastizität darf keinesfalls vernachlässigt werden, dass hier nur Erlös- und damit Umsatzveränderungen betrachtet werden. Demnach lässt sich aus der Einkommenselastizität **kein Rückschluss auf die Gewinnveränderung** ziehen. Beispielsweise kann durch eine Preissenkung zwar durchaus der Umsatz steigen, gleichzeitig führt aber die höhere Absatzmenge zu überproportionalen Kostensteigerungen (z. B. durch den Ausbau von Kapazitäten), was in Extremfällen einen Gewinnrückgang bewirken kann. Folglich lässt sich eine gewinnoptimale Lösung nur durch eine flankierende Einbeziehung der Kosten berechnen.

3.2.2.1.7   Up-Selling-Quote

(in %)

$$= \frac{\text{Anzahl der Kunden, die (beim nächsten Kauf)}}{\text{ein höherwertiges Produkt aus der gleichen Kategorie erwerben}}{\text{Gesamtzahl der Kunden}} \times 100$$

Up-Selling (auch Upselling) bezeichnet im Vertrieb das Bestreben eines Anbieters, dem Kunden statt einer günstigen Variante (beim nächsten Kauf) ein höherwertiges Produkt oder eine höherwertige Dienstleistung anzubieten.

Dazu sollen dem Kunden durch plausible Argumente und insbesondere durch Produktvorführungen die Vorzüge der höheren Produkt- oder Dienstleistungskategorie nahegelegt werden, etwa größerer Nutzen, Komfort usw.

Dabei besteht aus Sicht des Verkäufers die Gefahr, dass dem Käufer durch Up-Selling die Lust am Kauf des Produktes vergeht, dass er also weder das teurere Produkt noch das Produkt kauft, das er ursprünglich in Betracht gezogen hatte. Ein zu extremes Up-Selling kann der Kunde auch als aufdringlich oder gar unsympathisch wahrnehmen.

Beispiele

Ein Kunde im Autohaus fährt bislang ein Mittelklassemodell und möchte nun ein neues Auto erwerben. Ihm wird eine Probefahrt angeboten – jedoch nicht in der Grund- oder Mittelklasseversion, sondern im stärker motorisierten und aufwändiger ausgestatteten Wagen mit Lederbezügen, Sound- und Navigationssystem. So kann der Kunde die Vorteile der „höherwertigen" Variante erleben. Wenn er die Extras später nicht möchte, muss er sich innerlich von den bereits erlebten Vorteilen lösen, sozusagen Verzicht üben. Während er dies überlegt, kalkuliert der Verkäufer die Finanzierung so, dass die zusätzlichen Kosten als gering erscheinen.

Ein Kunde, der bislang ein Fahrrad mit starrem Rahmen gefahren hat, interessiert sich im Sportgeschäft für ein neues Fahrrad mit starrem Rahmen. Der Verkäufer ermutigt zur Probefahrt auf einem Rad mit Vollfederung, um den Kunden von den Vorteilen eines komfortableren (, aber auch teureren) Fahrrads zu überzeugen.

3.2.2.1.8 Beschwerdequote

(in %)

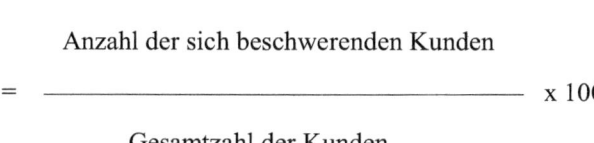

$$= \frac{\text{Anzahl der sich beschwerenden Kunden}}{\text{Gesamtzahl der Kunden}} \times 100$$

Die Beschwerdequote vermittelt einen ersten Einblick in die Unzufriedenheit der Kunden. Da es bereits vor einem Kaufabschluss Grund zur Klage geben kann (z. B. unfreundliche Bedienung, unzulängliche Beratung, ungünstige Öffnungszeit), überschreiten Beschwerden den Rahmen rechtlich begründeter Reklamationen.

Für **Reklamationen** ist charakteristisch, dass der Verkäufer für Sachmängel haftet. Die gesetzlich vorgeschriebenen Gewährleistungspflichten von Hersteller- oder Handelsunternehmen im Bereich von Ersatz-, Reparatur- oder Wartungsleistungen sind in den §§ 459 bis 492 und 633 bis 640 BGB geregelt. Darüber hinaus gewähren zahlreiche Unternehmen **freiwillige Garantieleistungen**, die über den gesetzlichen Anspruch hinausgehen. Diese werden dem Käufer auf Basis separater Garantieverträge eingeräumt und können sich auf verschiedene Leistungskomponenten, aber auch auf den Preis oder die Kundenzufriedenheit beziehen (sog. Preis- oder Zufriedenheitsgarantie). Demnach sind Garantiequote und Reklamationsquote ein Teil der Beschwerdequote.

Vor dem Hintergrund dieser Ausführungen wird deutlich, dass Reklamationen bzw. Garantiefälle einen Sonderfall der Beschwerde bilden. Demnach greift eine ausschließliche Fokussierung auf

Reklamationen bzw. Garantiefälle, wie sie von den meisten Unternehmen praktiziert wird, deutlich zu kurz.

Beispiel

Ein Unternehmen weist einen durchschnittlichen Bestand von 5.000 Kunden auf. Die Beschwerdestatistik fördert zutage, dass sich im vergangenen Jahr 30 Kunden auf schriftlichem und 220 Kunden auf mündlichem Wege beschwert haben. Dies entspricht einer Beschwerdequote von 5 % = (250 : 5.000) x 100.

Quellen

Die Berechnung der Beschwerdequote setzt voraus, dass die anfallenden Beanstandungen systematisch dokumentiert und ausgewertet werden. Die Vergleichbarkeit der in diesem Zuge anfallenden Daten kann sichergestellt werden, in dem eine entsprechende Prüfliste angefertigt wird. Um die spätere Auswertung und damit die Vergleichbarkeit der Angaben zu erleichtern, sollten hierbei möglichst detailliert Antwortkategorien zum Ankreuzen vorgegeben werden (vgl. ausführlich Abschnitt 4.1).

Interpretation

In der Praxis wird häufig fälschlicherweise unterstellt, dass eine geringe Beschwerdequote unmittelbar auf eine hohe Kundenzufriedenheit schließen lässt. Hierbei gilt es jedoch zu bedenken, dass sich in der Regel nur ein Bruchteil der unzufriedenen Kunden auch tatsächlich gegenüber dem Unternehmen Luft macht („**Spitze des Eisbergs Unzufriedenheit**"; vgl. hierzu ausführlich Abschnitt 4.1).

Maßnahmen zur Beeinflussung

Eine zentrale Voraussetzung dafür, dass die Beschwerdequote überhaupt Aussagekraft besitzt, ist die Installation eines **aktiven Beschwerdemanagements**. Dieses bietet darüber hinaus die Möglichkeit, frühzeitig Unzufriedenheit aufzuspüren (sog. **Frühwarnsignale**) und durch Schaffung von Beschwerdezufriedenheit die Loyalität sowie die positive Mund-zu-Mund-Werbung der Kunden zu erhöhen (vgl. Abschnitt 4.1).

Grenzen

Nicht jede Beschwerde ist auf eine unbefriedigende Leistung des Unternehmens zurückzuführen. Einmal gibt es den notorischen Nörgler, der niemals zufriedenzustellen ist. Zum anderen liegt so manche Unzufriedenheitsursache im Verantwortungsbereich des Kunden (etwa unsachgemäße Bedienung des Produktes). Schließlich verzeichnen nahezu alle Unternehmen steigende Beschwerdequoten, was nicht zuletzt auf den Trend zum kritischen Verbraucher, verstärkt durch Anleitungen in den Medien, zurückzuführen ist.

3.2.2.1.9 Reklamationsquote

(in %)

$$= \frac{\text{Anzahl der reklamierenden Kunden}}{\text{Gesamtzahl der Kunden}} \times 100$$

Für Reklamationen ist charakteristisch, dass der Verkäufer für Sachmängel haftet. Die gesetzlich vorgeschriebenen Gewährleistungspflichten von Hersteller- oder Handelsunternehmen im Bereich von Ersatz-, Reparatur- oder Wartungsleistungen sind in den §§ 459 bis 492 und 633 bis 640 BGB geregelt. Darüber hinaus gewähren zahlreiche Unternehmen freiwillige Garantieleistungen, die über den gesetzlichen Anspruch hinausgehen. Diese werden dem Käufer auf Basis separater Garantieverträge eingeräumt und können sich auf verschiedene Leistungskomponenten, aber auch auf den Preis oder die Kundenzufriedenheit beziehen (sog. Preis- oder Zufriedenheitsgarantie). Demnach sind Garantiequote und Reklamationsquote ein Teil der Beschwerdequote.

Vor dem Hintergrund dieser Ausführungen wird deutlich, dass Reklamationen bzw. Garantiefälle einen Sonderfall der Beschwerde bilden. Demnach greift eine ausschließliche Fokussierung auf Reklamationen bzw. Garantiefälle, wie sie von den meisten Unternehmen praktiziert wird, viel zu kurz.

3.2.2.1.10 Garantiequote, umsatzabhängige

(in %)

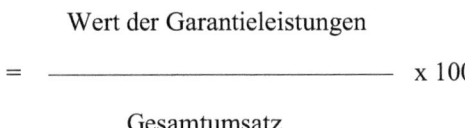

$$= \frac{\text{Wert der Garantieleistungen}}{\text{Gesamtumsatz}} \times 100$$

Die Garantiequote setzt den Wert der erbrachten Garantieleistungen ins Verhältnis zum Gesamtumsatz und ist somit Ausweis der nachträglichen Umsatz- und damit Gewinnverluste, die durch Garantieverpflichtungen hervorgerufen werden.

Beispiel

Ein Unternehmen verbucht in einem Monat Umsätze in Höhe von 340.000 €. Gleichzeitig muss es Garantieleistungen im Wert von 6.800 € erbringen. Daraus ergibt sich eine Garantiequote von 2 % = (6.800 € : 340.000 €) x 100.

Quellen

Den Gesamtumsatz hält die Finanzbuchhaltung bereit. Dabei dürfen sämtliche Erlösschmälerungen wie Boni, Skonti oder nachträgliche Gutschriften nicht herausgerechnet werden. Einzig die Umsatzsteuer muss abgezogen werden.

Werden obige Erlösschmälerungen im Rahmen des Rechnungswesens automatisch vor der Verbuchung abgezogen, müssen sie dem Gesamtumsatz wieder hinzugerechnet werden.

Garantieleistungen sind solche Leistungen, die ein Unternehmen aufgrund rechtlicher Verpflichtungen erbringt. Dabei lassen sich **zwei Gründe** für **Garantien** unterscheiden:

- **Gesetzliche Gewährleistungen** gemäß §§ 459 – 493, 633 – 640 BGB

- **Freiwillige Gewährleistungen** durch eine verlängerte Garantie oder einen speziellen Garantievertrag mit dem Kunden. Freiwillige Garantien intensivieren den Kundenkontakt in der Nachkaufphase. So kann es Ziel freiwilliger Garantieleistungen sein, die Produkt- und Markentreue der Kunden durch großzügige Garantiezusagen zu sichern und damit eine langfristige Kundenbindung zu erzielen.

Wichtig für die richtige Ermittlung dieser Kennzahl ist, dass der Zusammenhang zwischen Umsatz und Garantieleistung gewährleistet wird. Das bedeutet, dass die Garantieleistungen mit denjenigen Umsatzvorgängen verglichen werden müssen, aus denen heraus die Garantieansprüche erwachsen sind. Aus diesem Grund kann die Garantiequote erst nach Ablauf der Garantiefrist gebildet werden.

Ist eine Zurechnung aufgrund des Rechnungswesens nicht exakt möglich, kann die Garantiequote nur ein näherungsweises Abbild der Wirklichkeit liefern, so dass es zu Fehlinterpretationen kommen kann.

Die Garantieleistungen sollten auf einem separaten Konto des Rechnungswesens erfasst werden, das auch den Zeitpunkt des Umsatzes und damit die Basisgröße für die Ermittlung der Garantiequote dokumentiert. Werden die Garantieleistungen gemeinsam mit anderen Gutschriften verbucht, müssen die nicht auf Garantien zurückzuführenden Gutschriften vor Bildung der Kennzahl herausgerechnet werden, da ansonsten die Gutschriftenquote gebildet würde.

Interpretation

Die Garantiequote zeigt dem Unternehmen, welchen Anteil des Umsatzes es infolge von Garantieleistungen wieder verliert.

Grundsätzlich ist vom Unternehmen eine niedrige Garantiequote anzustreben. Diese spricht für die Qualität der Unternehmensleistungen (Produkte, Service) und bietet die Chance einer hohen Kundenzufriedenheit.

Allerdings muss beachtet werden, dass auch freiwillige Garantieleistungen und damit eine hohe Garantiequote aktives Instrument im Kundenzufriedenheits- und Kundenbindungsmanagement sein können.

Insbesondere bei Erhöhungen der Garantiequote muss hinterfragt werden, welche Ursachen verantwortlich sind.

Die Garantiequote ist insbesondere interessant:

• im Zeitvergleich

• im Vergleich zu anderen Unternehmen (falls Daten bekannt)

• geordnet nach

  – Produktgruppen

  – Produkten

  – Verkaufsgebieten und/oder

  – Ursachen für die Gewährleistungen

– genaueren Ursachen für die Gewährleistungspflichten (gesetzlich oder freiwillig)

Maßnahmen zur Beeinflussung

Stellt sich bei der Ursachenanalyse heraus, dass die Anzahl der Garantiefälle und daher die Garantiequote gestiegen sind, gilt es, die Störanfälligkeit und/oder Funktionsunfähigkeit von Produkten wieder abzusenken. In diesem Fall muss der mangelhaften Produktqualität als Garantieursache durch Einführung eines aktiven Qualitätsmanagements entgegengewirkt werden.

3.2.2.1.11 Gutschriftenquote

(in %)

$$= \frac{\text{Wert der Gutschriften}}{\text{Gesamtumsatz}} \times 100$$

Die Gutschriftenquote setzt den Wert der an Kunden gegebenen Gutschriften ins Verhältnis zum Gesamtumsatz. Sie weist somit die nachträglichen Umsatzverluste aus, die auf Gutschriften zurückzuführen sind.

Beispiel

Ein Unternehmen verbucht in einem Jahr Umsätze in Höhe von 3.400.000 €. Gleichzeitig werden wegen verschiedener Ursachen Gutschriften an Kunden im Wert von 102.000 € ausgestellt. Das ergibt eine Gutschriftenquote von 3 % = (102.000 € : 3.400.000 €) x 100.

Quellen

• Den Gesamtumsatz hält die Finanzbuchhaltung bereit. Dabei dürfen sämtliche Erlösschmälerungen wie Boni, Skonti und eben Gutschriften nicht herausgerechnet werden. Einzig die Umsatzsteuer muss abgezogen werden.

• Werden obige Erlösschmälerungen im Rahmen des Rechnungswesens automatisch vor der Verbuchung abgezogen, müssen sie dem Gesamtumsatz wieder hinzugerechnet werden.

- Um einen direkten Zusammenhang herzustellen, müssen die Gutschriften mit den sie verursachenden Umsätzen (gegebenenfalls des Vor- bzw. Vorvormonats) in Beziehung gesetzt werden. Hierzu muss die Frage beantwortet werden, wie lange nach dem eigentlichen Geschäft eine Gutschrift normalerweise gewährt wird.

Interpretation

Gutschriften erhalten Kunden, die von einem Fehler des Unternehmens betroffen sind. Gutschriften sind demnach Leistungen, zu denen ein Unternehmen rechtlich verpflichtet ist. Hierzu zählen Geld- und/oder Sachleistungen aus folgenden **Gründen**:

- Garantieverpflichtungen

- Mängel an der Qualität der Produkte

- Fehlerhafte Lieferungen in Form von mangelhafter Lieferung, Fehlmengenlieferung, Überlieferung oder Nichteinhaltung des Liefertermins (bei vereinbarter Konditionalstrafe)

Grundsätzlich sollte eine niedrige Gutschriftenquote angestrebt werden. Sie spricht für die Qualität der Produkte sowie die Effizienz der Vertriebsorganisation und bietet die Chance, eine hohe Kundenzufriedenheit zu gewährleisten.

Die Kennzahl gewinnt an **Aussagekraft**:

- im Zeitvergleich

- im Vergleich zu anderen Unternehmen, falls entsprechende Daten zugänglich sind

- geordnet nach Produkten, Produktgruppen, Verkaufsgebieten und/oder Ursachen für die Gutschriften.

Maßnahmen zur Beeinflussung

Um die Gutschriftenquote zu senken, kann das Unternehmen **zwei Ansätze** verfolgen:

- Verbesserung des Versand- und Vertriebswesens, um die Zahl der fehlerhaften Lieferungen zu verringern

- Einführung eines Qualitätsmanagements, um mangelhafte Produktqualität als Gutschriftenursache zu reduzieren

Grenzen

Werden auch freiwillige Kulanzleistungen des Unternehmens auf dem Konto der Gutschriften geführt, kann eine hohe Gutschriftenquote durch eine besonders kundenfreundliche Kulanzpolitik bedingt sein. Deshalb empfiehlt es ich, die Kulanzzahlungen separat von den Gutschriften zu erfassen. Dadurch erhält man eine genauere und aussagefähigere Gutschriftenquote.

Zur Analyse der Kulanzleistungen sollte die Kulanzquote gebildet werden.

3.2.2.1.12 Kulanzquote

(in %)

$$= \frac{\text{Wert der Kulanzleistungen}}{\text{Gesamtumsatz}} \times 100$$

Die Kulanzquote setzt den Wert der Kunden gewährten Kulanzleistungen ins Verhältnis zum Gesamtumsatz. Diese Kennzahl weist damit die nachträglichen Umsatz- bzw. Gewinnverluste aus, die durch kulantes Verhalten verursacht wurden.

Beispiel

Ein Unternehmen verbucht in einem Jahr Umsätze in Höhe von 3.400.000 €. Gleichzeitig erbringt es gegenüber seinen Kunden Kulanzleistungen im Wert von 68.000 € aus. Daraus ergibt sich eine Kulanzquote von 2 % = (68.000 € : 3.400.000 €) x 100.

Quellen

Den Gesamtumsatz hält die Finanzbuchhaltung bereit. Dabei dürfen sämtliche Erlösschmälerungen wie Boni, Skonti oder nachträgliche Gutschriften nicht herausgerechnet werden. Einzig die Umsatzsteuer muss abgezogen werden.

Werden obige Erlösschmälerungen im Rahmen des Rechnungswesens automatisch vor der Verbuchung abgezogen, müssen sie dem Gesamtumsatz wieder hinzugerechnet werden.

Um einen direkten Zusammenhang herzustellen, ist es erforderlich, die Kulanzleistungen eines Monats mit den Umsätzen des Vormonats bzw. der Vorvormonate zu verknüpfen. Wie hier genau vorgegangen werden muss, ist davon abhängig, wie lange nach dem eigentlichen Geschäft eine Gutschrift erfahrungsgemäß gewährt wird.

Die Kulanzleistungen sollten auf einem separaten Konto des Rechnungswesens erfasst werden. Werden sie gemeinsam mit den Gutschriften verbucht, müssen die Gutschriften vor Bildung der Kennzahl herausgerechnet werden (vergleiche hierzu Gutschriftenquote).

Interpretation

Die Kulanzquote zeigt dem Unternehmen, welchen Anteil des Umsatzes in Folge von Kulanzleistungen wieder verloren geht.

Kulanzleistungen sind immer Leistungen, die das Unternehmen ohne jede rechtliche Verpflichtung erbringt. **Beispiele** hierfür sind:

- Rücknahme der Ware nach Ende der Garantiezeit und Erstattung des Kaufpreises

- Beteiligung an den oder ganze Übernahme der Kosten für eine Reparatur des Produkts nach Ende der Garantiezeit

- Aushändigung eines Warengutscheins, eines Präsents oder eines Geldbetrags, um den Kunden wieder zufrieden zu stellen

Gutschriften sind keine Kulanzleistungen (vergleiche hierzu → Gutschriftenquote).

Grundsätzlich ist vom Unternehmen eine niedrige Kulanzquote anzustreben, da diese für die Qualität der Unternehmensleistungen (Produkte, Service) spricht.

Insbesondere bei Veränderungen der Kulanzquote muss hinterfragt werden, welche Ursachen verantwortlich sind. In diesem Zusammenhang ist zu klären, ob sich beispielsweise die Beschwerden der Kundschaft gehäuft haben (→ Beschwerdequote), oder ob die Kunden im Rahmen eines Kundenbindungsprogramms durch Kulanzleistungen stärker an das Unternehmen gebunden werden sollen. Im letzteren Fall ist der Kundenwert in die Überlegungen miteinzubeziehen.

Die Kulanzquote ist insbesondere interessant:

- im Zeitvergleich

- im Vergleich zu anderen Unternehmen, falls entsprechende Daten zugänglich sind

- geordnet nach Produkten, Produktgruppen, Verkaufsgebieten und/oder Ursachen für die Kulanzleistungen.

Maßnahmen zur Beeinflussung

Ist die Kulanzquote dadurch gestiegen, dass sich die Anzahl der aus Kundenbeschwerden resultierenden Kulanzanträge erhöht hat, gilt es die Beschwerdeursachen zu beheben. Dies kann beispielsweise geschehen durch:

*   Einführung eines Qualitätsmanagements, um mangelhafte Produktqualität als Kulanzursache auszuschalten

*   Verbesserung des Versand- und Vertriebswesens

Grenzen

Eine hohe bzw. gestiegene Kulanzquote muss nicht in allen Fällen als negativ eingestuft werden. So können Kulanzleistungen ein Instrument im Zuge des Managements von Kundenzufriedenheit und Kundenbindung (Wiederkäuferrate) sein. Beispielsweise ist bekannt, dass manche Automobilhersteller die Zufriedenheit ihrer Kunden zu steigern versuchen, indem sie sich bei Schäden, die nach Ende der Garantiezeit auftreten, besonders kulant zeigen.

3.2.2.2   Auswertung von Beschwerden, Reklamationen und Garantiefällen

3.2.2.2.1   Begriffliche Abgrenzung

Beschwerden gelten in der Unternehmenspraxis als beliebter Gradmesser für Kundenzufriedenheit (vgl. im Folgenden *Bruhn* 1982; *Graf* 1990; *Günter* 1995, S. 275 – 291; *Hansen/Hofmann* 1989; *Hansen/Jeschke* 1991, S. 201 ff.; *Hansen/Schoenheit* 1987; *Hirschman* 1974; *Meffert/Bruhn* 1981, S. 597 – 613; *Meffert/Bruhn* 1979, S. 106 – 108; *Nieschlag/Dichtl/Hörschgen* 1997, S. 955 – 958; *Riemer* 1986; *Runow* 1982; *Stauss* 1989, S. 41 - 62; *Schneider* 1998b, S. 17 – 22). Da es bereits vor einem Kaufabschluss Grund zur Klage geben kann (z. B. unfreundliche Bedienung, unzulängliche Beratung, ungünstige Öffnungszeit), überschreiten diese den Rahmen rechtlich begründeter **Reklamationen**. Für Reklamationen ist charakteristisch, dass der Verkäufer für Sachmängel nach den §§ 459 ff. BGB haftet. Sie bilden also einen Sonderfall der Beschwerde, woran deutlich wird, dass eine ausschließliche Fokussierung auf Reklamationen, wie sie von den meisten Unternehmen praktiziert wird, viel zu kurz greift.

Für **Reklamationen** ist charakteristisch, dass der Verkäufer für Sachmängel haftet. Die gesetzlich vorgeschriebenen Gewährleistungspflichten von Hersteller- oder Handelsunternehmen im Bereich von Ersatz-, Reparatur- oder Wartungsleistungen sind in den §§ 459 bis 492 und 633 bis 640 BGB geregelt. Darüber hinaus gewähren zahlreiche Unternehmen **freiwillige Garantieleistungen**, die über den gesetzlichen Anspruch hinausgehen. Diese werden dem Käufer auf Basis separater Garantieverträge eingeräumt und können sich auf verschiedene Leistungskomponenten, aber auch auf den Preis oder die Kundenzufriedenheit beziehen (sog. Preis- oder Zufriedenheitsgarantie). Demnach sind Garantiequote und Reklamationsquote ein Teil der Beschwerdequote.

Vor dem Hintergrund dieser Ausführungen wird deutlich, dass Reklamationen bzw. Garantiefälle einen Sonderfall der Beschwerde bilden. Demnach greift eine ausschließliche Fokussierung auf Reklamationen bzw. Garantiefälle, wie sie von den meisten Unternehmen praktiziert wird, deutlich zu kurz.

Vor diesem Hintergrund erscheint es zweckmäßig, die Beschwerde-, Reklamations- sowie Garantiequote separat zu berechnen. Ergänzend bietet es sich an, Kulanz- und Gutschriftenquote zu erfassen. Diese fünf Key Performance Indikatoren (KPI) werden im Folgenden dargestellt.

3.2.2.2.2 Frequenz-Relevanz-Analyse von Problemen

Beanstandungen sollten systematisch ausgewertet werden, indem eine Prüfliste angelegt und die einzelnen Fälle darin dokumentiert werden. Auswertung und Vergleichbarkeit der Angaben lassen sich vereinfachen, wenn detaillierte Antwortkategorien vorgegeben werden.

Eine **Prüfliste**, die der Dokumentation und Analyse bisheriger Beschwerden dient, sollte – ähnlich wie die Auswertung von Reklamationen und Garantiefällen – folgende Informationen enthalten.

- Datum

- Adresse des sich beschwerenden Kunden

- Dauer der Beziehung zum Kunden, Umsatzvolumen des Kunden (falls möglich, Umsatzgrößenklassen vorgeben) und weitere entscheidungsrelevante Eigenschaften des Kunden

- Beschwerdeweg (Brief, Telefon, Gespräch)

- Grund der Beschwerde (Liste mit möglichen Gründen vorgeben, etwa Funktionsfähigkeit des Produkts, Freundlichkeit des Personals, Wartezeiten)

- Verantwortungsbereich (Liste mit Abteilungen oder Zuständigkeiten vorgeben, aber keine Namen von Mitarbeitern nennen, da sonst unternehmensinterne Akzeptanzprobleme entstehen)

- Garantieanspruch (ja / nein)

- Eingeleitete Maßnahme(n) (mögliche Kategorien: Preisnachlass, Geld zurück, Umtausch, Reparatur, Schadenersatz; Beratungsleistungen, Entschuldigung)

- Zeitraum zwischen Beschwerde und Bearbeitung sowie Lösung des Problems (tagesgenau)

- Zufriedenheit des Kunden mit der Lösung des Problems (siebenstufige Skala von -3 (= sehr unzufrieden) bis +3 (= sehr zufrieden))

Die in der Beschwerdeanalyse gewonnenen Informationen werden schließlich an die betroffenen unternehmensinternen (z. B. Verkauf) und -externen (z. B. Lieferanten) Stellen weitergeleitet werden. Unternehmensintern können Informationen über Beschwerden für Schwachstellenanalysen genutzt werden (z. B. in Qualitätszirkeln oder Fokusgruppen).

Hierfür bietet sich die Frequenz-Relevanz-Analyse von Problemen (FRAP) an (vgl. *Töpfer* 1999, S. 305). Dabei werden **Problemklassen** nach

- der Häufigkeit ihres Auftretens (= **Problemfrequenz**) und

- ihrer Bedeutung für den Kunden (= **Problemrelevanz**)

angeordnet.

Diese spezifische, relativ umfassende Form der Kundenproblemanalyse verknüpft qualitative und quantitative Methoden, wobei i. d. R. folgender **Ablauf** zugrunde liegt.

(1) **Aufstellung einer Liste** möglicher Probleme: Ausgangspunkt sind die von Kunden geäußerten Beschwerden bzw. Reklamationen bzw. Garantiefälle.

(2) **Klassifikation** der Probleme: Einzelne Probleme werden verschiedenen Kategorien zugeordnet.

(3) **Kundenbefragung**: Wie häufig tritt das jeweilige Problem auf, und wie groß ist die dabei entstehende Verärgerung?

(4) **Visualisierung** der Befunde: Die Ergebnisse der Kundenbefragung können (bspw. unter Verwendung einer Konzentrationskurve) in ein Diagramm eingetragen werden. Dabei dienen die Problemrelevanz (gering bis hoch) und die Problemfrequenz (niedrig bis hoch) als Achsen des Koordinatensystems (vgl. beispielhaft Abb. 6).

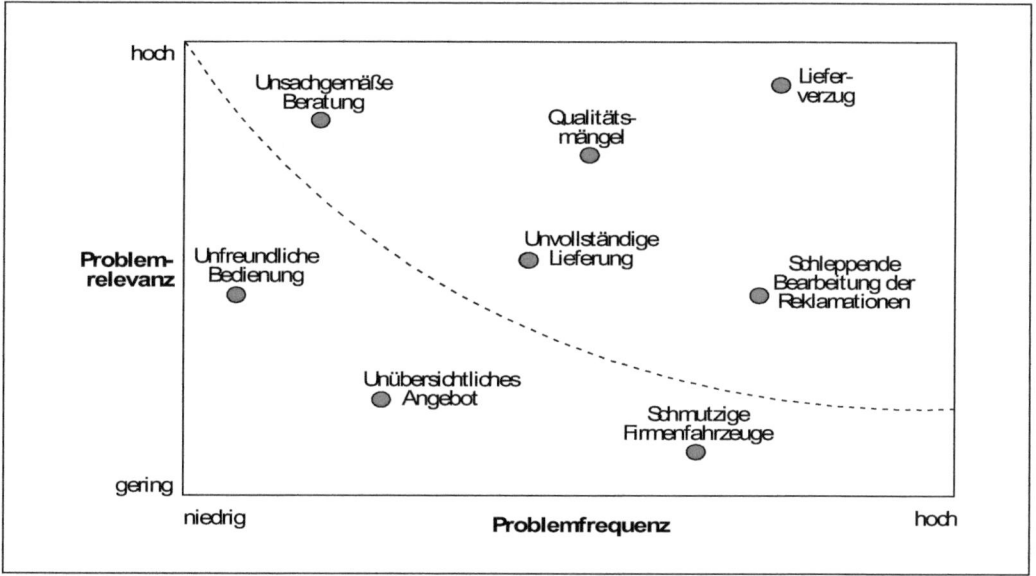

Abb. 6: Frequenz-Relevanz-Analyse von Problemen (FRAP): ein Beispiel
(Quelle: elogics Management Services GmbH 2006; leicht modifiziert)

Die Frequenz-Relevanz-Analyse eignet sich insbesondere für

- Leistungen, welche Kunden häufig und über einen längeren Zeitraum in Anspruch nehmen,

- Beziehungen, bei denen nicht bereits zu Beginn die Gefahr besteht, dass Kunden abwandern, z. B. bei längerfristig bindenden Verträgen (vgl. z. B. *Stauss/Hentschel* 1990, S. 252).

3.2.2.3   Testkäufe

Bei Testkäufen (auch Mystery Shopping) **simulieren** Testkäufer für die Mitarbeiter nicht erkennbare „reale" Dienstleistungssituationen, um Mängel im Dienstleistungsprozess aufzudecken (vgl. z. B. *van der Wiele u. a.* 2005). Diese auch als **Silent Shopping** bzw. **Secret Buying** bezeichnete **Form** der **Beobachtung** verläuft

- persönlich (= durch einen Beobachter),

- standardisiert (= Beurteilung anhand eines Fragebogens),

- verdeckt (= der Beobachtete weiß nicht, dass er beobachtet wird),

- in einem realen Unternehmen (= Feldbeobachtung).

Mit Hilfe des Mystery Shopping verfolgt ein Unternehmen v. a. folgende **Ziele**:

- Schwachstellen identifizieren und Verbesserungspotential aufspüren,

- Mitarbeitern sensibilisieren und motivieren, indem sie vorab über den Einsatz des Verfahrens informiert werden,

- Vergleich der Leistung der eigenen Filiale mit anderen sowie mit Wettbewerbern **(Benchmarking)**,

- Außendarstellung des Unternehmens, indem Kunden und sonstige Zielgruppen/Stake-Holder über den Einsatz des Verfahrens informiert werden.

In erster Linie will ein Unternehmen mit Hilfe des Mystery Shopping prüfen, ob seine Mitarbeiter die im Vorfeld festgelegten **Leistungsstandards** erfüllen – jedenfalls aus der Sicht von „vermeintlichen" Kunden.

Im Folgenden findet sich ein **Beispiel** für die Leistungsstandards eines Dienstleisters:

* Wir grüßen jeden Kunden mit Blickkontakt und fragen ihn freundlich nach seinem Wunsch.
* Wir heben den Telefonhörer spätestens beim dritten Klingelzeichen ab.
* Wir beantworten schriftliche Anfragen innerhalb von maximal zwei Tagen.
* Wir bestätigen mündliche Vereinbarungen spätestens am folgenden Werktag schriftlich.
* Wir reagieren innerhalb von maximal zwei Tagen auf Beschwerden.
* Wir befragen unsere Kunden einmal im Jahr schriftlich.

Wer Testkunden einsetzt, muss beachten, dass nach § 94 BetrVG allgemeine Beurteilungsgrundsätze für Mitarbeiter nur nach **Zustimmung des Betriebsrats** aufgestellt werden dürfen.

Testkäufe werden nicht nur zur Analyse von Kundenzufriedenheit eingesetzt, sondern auch zur Mitarbeiterkontrolle, z. B. Prüfung der Arbeit von Kassierer(inne)n, und zu **forensischen Zwecken**, z. B. Kontrolle der Einhaltung **wettbewerbsrechtlicher Vorschriften** (Preisauszeichnung, -nachlässe, Zugaben und Ladenöffnungszeiten) sowie **vertraglicher Vereinbarungen** im Rahmen horizontaler und vertikaler Absatzbindung.

Zu den **Auftraggebern** dieser Art von Testkäufen gehören Lieferanten, Mitbewerber, Wettbewerbsvereine, Wirtschaftsverbände, aber auch unabhängige Experten, z. B. Testesser von Restaurantführern. Auch die *Stiftung Warentest* bedient sich, wenn sie Dienstleistungen analysiert, des Mystery Shopping.

Bereits seit 1974 beschäftigt sich eine eigene Abteilung des Instituts mit Dienstleistungen. Deren Ergebnisse werden u. a. in der Zeitschrift „*test*" einer breiten Öffentlichkeit zugänglich gemacht. Ein wesentliches Ziel der Stiftung ist es, die Qualität konkurrierender (Dienstleistungs-)Unternehmen neutral und objektiv vergleichend zu analysieren. Dass dies auch für das renommierte Institut freilich nur bedingt erreichbar ist, liegt an dem hohen Maß an menschlicher Interaktion, welches viele Dienstleistungen einem objektiven Vergleich entzieht. So können die per Silent Shopping simulierten Beratungsgespräche mit Mitarbeitern von Banken, Versicherungen, Behörden oder Bausparkassen i. d. R. kein repräsentatives Bild des gesamten Angebots der einzelnen Einrichtungen zeichnen.

Für die **Durchführung** des Mystery Shopping bietet sich folgender **vierstufiger Ablauf** an:

Stufe 1: Konzeption der Untersuchung

Unternehmen müssen zunächst die grundsätzliche Frage klären, ob sie Marktforschungsinstitute mit eigenem **Testpersonal** oder externe Käufer bzw. autorisierte Mitarbeiter in Eigenregie als Testkunden einsetzen wollen. Außerdem sind mit den **Projektverantwortlichen** folgende Fragen zu klären:

- Welche(s) **Ziel(e)** verfolgt man mit dem Test?

- Welche **Leistungsstandards** sollen überprüft werden?

- In welchen **Filialen** soll getestet werden?

- Welche **Zielgruppen** sollen die Testkäufer repräsentieren (z. B. Kunden, potentielle Kunden, ehemalige Kunden)?

- Wie **oft** und wie **lange** soll getestet werden?

- **Wann** sollen die Testkäufe stattfinden (z. B. zur Mittagszeit, kurz vor Ladenschluss)?

Stufe 2: Suche, Auswahl und ggf. Schulung/Einweisung der Testkäufer

Falls keine eigenen Mitarbeiter als verdeckte Kunden auftreten sollen, müssen geeignete Testkäufer gesucht und geschult werden.

Stufe 3: Durchführung des Testkaufs/Notierung der Beobachtungen auf einem (standardisierten) Fragebogen

Im Anschluss an den Einkauf muss der Testkäufer seine Angaben bei der Beobachtung präzise und vollständig auf einem (idealerweise **standardisierten**) **Fragebogen** notieren. Am Beispiel Lebensmitteleinzelhandel zeigt Abb. 7 einen Auszug aus einem solchen Fragebogen.

Eine wesentliche Voraussetzung für den Erfolg des Silent Shopping ist die **Qualität der Testkäufer**. Diese lässt sich insbesondere auf folgende Weise kontrollieren:

- Auswertung der **Belege** von Testkäufen,

- Stichpunktartige Überprüfung, ob der Mitarbeiter persönlich und zum festgelegten Zeitpunkt am vereinbarten Ort war,

- Regelmäßige **Gespräche** mit den Testkäufern (v. a. Einbindung von Fragen, welche die Testkäufer nur beantworten können, wenn sie persönlich den Auftrag ordnungsgemäß ausgeführt haben),

- **Information** der Silent Shopper, dass man sie stichpunktartig kontrolliert.

Filiale (Adresse): _____

Datum: _____ **Uhrzeit:** _____ **Tester-Code:** _____

	Ja	Nein
• Haben Sie direkt auf dem Firmengelände einen Parkplatz gefunden?	☐	☐
• Waren auf dem Parkplatz genügend Einkaufswagen verfügbar?	☐	☐
• Lagen im Eingangsbereich Prospekte mit Sonderangeboten aus?	☐	☐
• Waren die Geschäftsräume sauber?	☐	☐
• Trugen die Mitarbeiter Namensschilder?	☐	☐
• Half Ihnen der erste angesprochene Mitarbeiter direkt weiter?	☐	☐
• Wurden Sie zum entsprechenden Regal geführt?	☐	☐
• Wurden Sie gefragt, ob Ihnen auch anderweitig geholfen werden könne?	☐	☐
• War das Haltbarkeitsdatum auf den gekauften Produkten noch gültig?	☐	☐
• Betrug die Wartezeit an der Kasse weniger als fünf Minuten?	☐	☐
• Waren alle Kassen geöffnet?	☐	☐
• War das Laufband an der Kasse sauber?	☐	☐
• Wurden die korrekten Preise berechnet?	☐	☐
• Hat man Ihnen Ihren Kassenzettel ohne Nachfragen ausgehändigt?	☐	☐
• Hat der Kassierer Sie freundlich verabschiedet?	☐	☐
• Lagen an der Kasse Pappkartons zum Einpacken der Ware aus?	☐	☐
• Waren die Einkaufswagen ordentlich aufgestellt?	☐	☐
•	☐	☐

Sonstige Anmerkungen: _____

_____

Abb. 7: Testkauf-Fragebogen am Beispiel Lebensmitteleinzelhandel

Stufe 4: Auswertung der Fragebögen/Vorschlag von Verbesserungsmaßnahmen auf Basis der Befunde

Zu den **Aufgaben** der letzten Phase des Testkaufs gehört es,

- die Daten auszuwerten und aufzubereiten,

- die Ergebnisse mit internen (und ggf. externen) Interessenten in Workshops, Qualitätszirkeln oder Fokusgruppen **aufzuarbeiten**, um geeignete **Verbesserungsmaßnahmen** zu entwickeln,

- ggf. im Zuge einer vergleichenden Beobachtung flankierend „Testkäufe" bei der Konkurrenz durchzuführen (**Benchmarking**).

Ungeachtet der Vorteile und Möglichkeiten der verschiedenen Formen der Beobachtung sind damit auch zahlreiche Probleme verbunden.

Je nach Fragestellung kann es zu **Schwierigkeiten** bezüglich der **Repräsentativität** kommen. Zurückzuführen ist dieser Umstand u. a. darauf, dass verschiedene Kundengruppen zu unterschiedlichen Tages-, Wochen- und Jahreszeiten bevorzugt einkaufen, was gerade bei der zeitlich begrenzten Beobachtung in Geschäften zu verzerrten Stichproben führen kann.

Mystery Shopping birgt die **Gefahr**, dass der Beobachter

- den zu untersuchenden Sachverhalt steuert,

- die Daten nur selektiv erfasst und/oder

- die Befunde durch seine (subjektive) Wahrnehmung verzerrt bzw. falsch interpretiert.

Deshalb werden die Ergebnisse von Testkäufen insbesondere bei Dienstleistungen häufig in Zweifel gezogen. Außerdem – so jedenfalls die Meinung der betroffenen Mitarbeiter – repräsentieren Testkäufe **Momentaufnahmen**, die den wahren Leistungsstand nur ausschnittsweise abbilden. Angesichts derartiger Probleme, die bei den Betroffenen – mitunter zurecht – Skepsis auslösen, sollten Tests auf jeden Fall wiederholt werden, bspw. indem zwei Testkäufer den gleichen Sachverhalt unabhängig voneinander messen (= **Kreuzvalidierung**).

Objektivität i. e. S. ist in der Realität praktisch nicht herstellbar. Zwar versprechen (vermeintlich?) unabhängige Experten (z. B. Vertreter von Warentestinstituten, Testesser von Restaurantführern) weitgehend objektive Ergebnisse; man darf aber auch in diesem Fall nicht übersehen, dass bei zahlreichen Dienstleistungen das hohe Maß an menschlicher Interaktion eine objektive Beurteilung erschwert – wenn nicht gar unmöglich macht. Beratungsgespräche etwa bei Banken oder Versicherungen können zwar simuliert werden, zeichnen aber allenfalls einen kleinen Ausschnitt der Leistungsqualität.

3.2.2.4 Warentests

Nicht zuletzt werden auch die Ergebnisse von Warentests (vgl. *https://wirtschaftslexikon.gabler.de/definition/warentests-48213*) als Gradmesser der Kundenzufriedenheit herangezogen. Hierbei handelt es sich um Untersuchungen von (neutralen) Institutionen (Verbraucherverbände, Zeitschriften, *Stiftung Warentest*) mit dem Ziel der Verbraucheraufklärung. Hierzu werden Waren verschiedener Anbieter auf Eigenschaften und Preis vergleichend geprüft werden. Die Veröffentlichung der Ergebnisse erfolgt regelmäßig nicht zu Wettbewerbszwecken und ist daher nach Art. 5 GG zulässig, wenn Neutralität, Objektivität und Sachkunde gewährleistet sind.

Die Warentester besitzen einen Ermessensspielraum bei der Auswahl der Testobjekte, Prüfmethoden und Präsentation der Befunde. Unternehmen dürfen mit den Ergebnissen von Warentests werben, wenn der Test nicht zu beanstanden ist und der Bericht vollständig unter Angabe der Fundstelle mitgeteilt wird. Ansonsten verstößt die Werbung gegen § 6 UWG (vergleichende Werbung). Außerdem gilt die Werbung mit Warentestergebnissen als irreführend (§ 5 UWG), wenn sie auf einen anderen als den getesteten Gegenstand bezogen wird oder das herausgestellte Testergebnis unter dem Schnitt der Ergebnisse der mitgetesteten Waren geblieben ist und die übrigen Testergebnisse nicht mitgeteilt werden. Werbung mit älteren Testergebnissen ist irreführend (§ 3, 5 UWG), wenn der Veröffentlichungszeitpunkt nicht mitgeteilt wird, die beworbene Ware der seinerzeit getesteten nicht mehr gleich ist oder neue Prüfergebnisse vorliegen. Die Stiftung Warentest hat Empfehlungen zur Werbung mit ihren Testergebnissen herausgegeben.

Es bleibt festzuhalten, dass Warentests zwar den Grundnutzen von Produkten untersuchen können. Komponenten aber, die wie Design, Image oder Erlebniswert beim Kauf und Gebrauch einen **Zusatznutzen** stiften und damit auch die Kundenzufriedenheit beeinflussen, entziehen sich einer „objektiven" Überprüfung.

3.2.3   Subjektive Verfahren

3.2.3.1   Merkmalsorientierte Verfahren

3.2.3.1.1   Skalierung

Die merkmalsorientierten Verfahren messen die Kundenzufriedenheit anhand sog. **Rating-Skalen**. Die Zahl der Antwortkategorien hängt ab von

- dem Ziel der Informationsgewinnung,

- der gewünschten Analysemethode sowie

- dem Differenzierungsvermögen der Befragten.

Die Zahl der **Antwortkategorien** sollte ungerade sein mit „weder/noch" als Mitte. Die Skala muss ausgeglichen sein (von „sehr" bis „sehr"), z. B. „sehr unzufrieden" bis „sehr zufrieden". Bewährt haben sich Skalen, die von -3 (= sehr unzufrieden) bis +3 (= sehr zufrieden) reichen (vgl. Abb. 8). Auskunftspersonen sollten die Möglichkeit haben, ggf. die Kategorie „Kann ich nicht beurteilen", „Weiß nicht" oder bspw. „Keine Kenntnisse" anzukreuzen, da man sonst Gefahr läuft, die Indifferenzkategorie „weder/noch" nicht eindeutig interpretieren zu können: Ist der Kunde mit dieser Eigenschaft tatsächlich weder zufrieden noch unzufrieden? Oder wählt er diese Option, weil er die erfragte Leistungskategorie nicht bewerten kann?

sehr unzufrieden	unzufrieden	eher unzufrieden	weder / noch	eher zufrieden	zufrieden	sehr zufrieden
-3	-2	-1	0	+1	+2	+3

Abb. 8: Typische Rating-Skala zur Messung der Kundenzufriedenheit

Andere Messmethoden, z. B. Vergabe von **Schulnoten** (von 1 bis 6) oder Angabe der Zufriedenheit auf einer Skala von 0 bis 100, werden zwar bisweilen angewandt, sind aber mit Blick auf deren Validität problematisch. Dasselbe gilt grundsätzlich auch für sog. **Smileys**. Diese sollten allenfalls dann eingesetzt werden, wenn Verbraucher verschiedener Nationen befragt werden sollen (z. B. Befragung deutscher und ausländischer Kunden zu deren Zufriedenheit mit einem deutschen Discounter). Verbale und symbolische Umschreibung der Zufriedenheitsintensität sollten dann aber gemeinsam aufgeführt werden (vgl. Abb. 9).

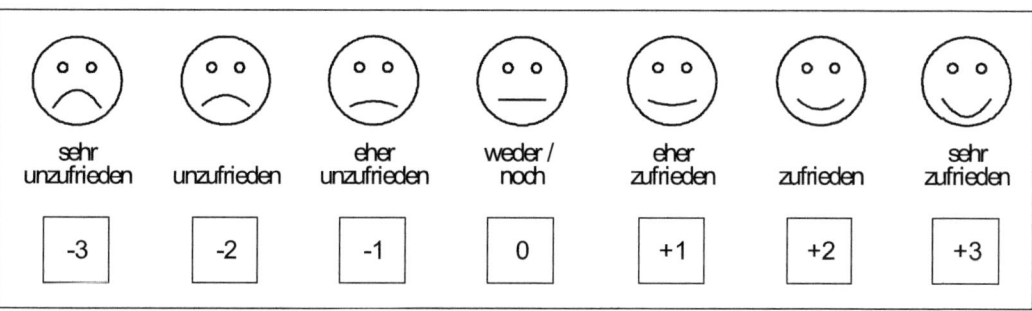

Abb. 9: Möglichkeit zur Nutzung von Smileys bei der Kundenzufriedenheitsmessung

3.2.3.1.2 Eindimensionale Messverfahren

Trotz der Mehrdimensionalität des Konstrukts „Kundenzufriedenheit" wird hier lediglich eine einzige Frage gestellt (vgl. Abb. 10). Damit erschließt sich nicht, **welche Faktoren** für die (Un-)Zufriedenheit verantwortlich sind. Beispielsweise gewinnt das Zufriedenheitsurteil (mit einem Restaurant) von +1,8 (auf einer Skala von -3 = sehr unzufrieden bis +3 = sehr zufrieden) erst dann an Aussagekraft, wenn man zusätzlich erfährt, dass vor allem die (Un-) Zufriedenheit mit „Freundlichkeit" und „Hilfsbereitschaft des Servicepersonals" sowie mit der „Atmosphäre im Restaurant" für die Zufriedenheit verantwortlich sind.

> Wenn Sie einmal alle Ihre Erfahrungen Revue passieren lassen: Wie zufrieden sind Sie mit unserem **Restaurant ganz allgemein?**
>
> | sehr unzufrieden | unzufrieden | eher unzufrieden | weder/ noch | eher zufrieden | zufrieden | sehr zufrieden |
> |---|---|---|---|---|---|---|
> | -3 | -2 | -1 | 0 | +1 | +2 | +3 |

Abb. 10: Messung der Kundenzufriedenheit mit dem eindimensionalen Messverfahren

3.2.3.1.3 Mehrdimensionale Verfahren

Die oben geschilderten Probleme lassen sich mit Hilfe des **mehrdimensionalen Ansatzes** beheben. Am Beispiel „Restaurantbesuch" verdeutlicht Abb. 11 auszugsweise, wie eine idealtypische Befragung zum Thema „Zufriedenheit der Restaurantgäste" konzipiert sein könnte.

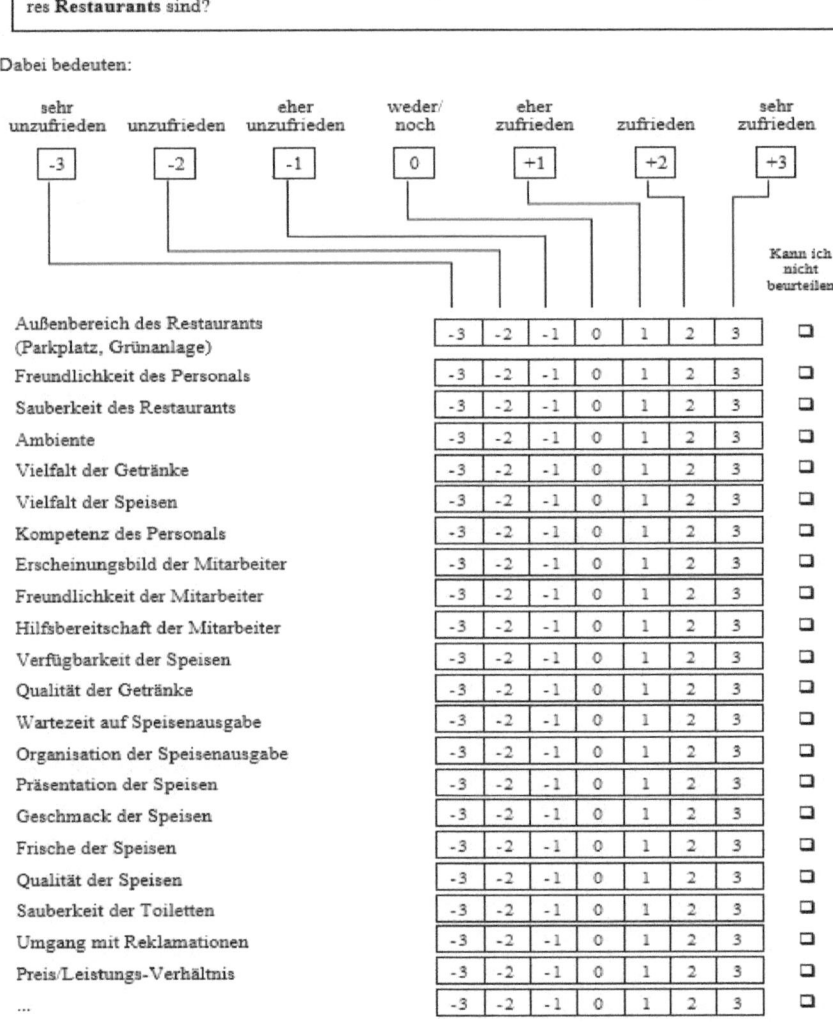

Abb. 11: Multiattributive Erfassung der Kundenzufriedenheit am Beispiel „Restaurantbesuch"

Doch nicht alle Dimensionen einer Leistung sind dem Kunden gleich wichtig. Deshalb ist es zweckmäßig, zusätzlich zu den Einzelzufriedenheiten die Bedeutungsgewichte der einzelnen Dimensionen in die Analyse einzubeziehen.

In diesem Zusammenhang neigen Kunden dazu, ihre Ansprüche zu maximieren, weshalb sie – wenn hierbei Rating-Skalen eingesetzt werden – nahezu alle Eigenschaften als (sehr) wichtig einstufen. Dieser sog. **„Anspruchsinflation"** lässt sich bspw. mit Hilfe der sog. **Konstantsummen-Methode** begegnen, bei welcher jede Auskunftsperson ein bestimmtes Punktebudget erhält (z. B. 100 Punkte), die sie nach Maßgabe der jeweils empfundenen Wichtigkeit auf die einzelnen Leistungskomponenten verteilen muss. Der Vorteil dieser Vorgehensweise ist darin zu sehen, dass die Befragten ihre Ansprüche nicht maximieren können, sondern sich zwischen den Eigenschaften entscheiden müssen (= **trade off**): Denn wer einer Eigenschaft viele Punkte gibt, hat zwangsläufig weniger Punkte übrig, welche er auf die restlichen Leistungskomponenten verteilen kann.

Abb. 12 erläutert die Konstantsummen-Methode am Beispiel „Kfz-Werkstatt". Wer die **Konstantsummen-Methode** nutzen will, sollte folgende Hinweise beachten:

- Anzahl der Eigenschaften (hier = 15) und zu vergebende Punktzahl müssen in einem für die Befragungsperson **nachvollziehbaren** Verhältnis stehen (z. B. 100 oder 150 Punkte). Beispielsweise würde es die Aufgabe unnötig erschweren (und damit die Validität der Ergebnisse mindern), wenn ein Proband 65 Punkte auf 17 Eigenschaften verteilen sollte.

- Wenn sowohl die Zufriedenheit mit den einzelnen Eigenschaften als auch deren Wichtigkeit erhoben werden, dann sollten Reihenfolge und Formulierung der Merkmale bei beiden Fragen identisch sein.

- Die Beantwortung von Fragen zur Wichtigkeit ist für Kunden sehr anspruchsvoll. Dieses Verfahren sollte deshalb selten eingesetzt werden (i. d. R. höchstens einmal pro Befragung).

Um unser Angebot zu optimieren, möchten wir gerne von Ihnen erfahren, welche Leistungen Sie von unserer Autowerkstatt erwarten. Bitte geben Sie deshalb an, wie wichtig Ihnen die folgenden Leistungseigenschaften sind, wenn Sie eine Autowerkstatt auswählen. Verteilen Sie hierzu 100 Punkte entsprechend Ihren ganz persönlichen Bedürfnissen. Je wichtiger eine Eigenschaft für Sie ist, desto mehr Punkte sollten Sie ihr geben. Wenn Sie eine Eigenschaft für völlig unwichtig halten, dann geben Sie ihr 0 Punkte. Geben Sie jeder Eigenschaft hingegen dieselbe Punktzahl, so drücken Sie damit aus, dass Ihnen alle Eigenschaften gleich wichtig sind. Sie können aber auch alle Punkte einer Eigenschaft zuweisen.

Eigenschaften	Platz zum Ausrechnen	Endgültige Punkteverteilung
• Freundlichkeit der Mitarbeiter	5	4
• Hilfsbereitschaft der Mitarbeiter	5	3
• Fachkenntnisse der Mitarbeiter	15	14
• Qualität der durchgeführten Arbeiten	20	14
• Einhaltung des Kostenvoranschlags	0	5
• Preiswürdigkeit der durchgeführten Arbeiten	5	10
• Verständlichkeit der Rechnung	5	5
• Erklärung der durchgeführten Arbeiten	5	0
• Flexibilität bei der Terminvereinbarung	15	10
• Einhaltung des vereinbarten Termins	5	10
• Öffnungszeiten	5	0
• Optisches Erscheinungsbild der Werkstatt	0	5
• Optisches Erscheinungsbild der Mitarbeiter	10	5
• Prompte Bedienung	0	5
• Bereitstellung eines Ersatzfahrzeugs/Taxigutschein	5	10
Summe	**100**	**100**

Abb. 12: Anwendung der Konstantsummen-Methode am Beispiel „Kundenzufriedenheitsfragebogen einer Kfz-Werkstatt"

Die Gesamtzufriedenheit lässt sich nunmehr mittels folgender kompensatorischen Heuristik ermitteln:

$$GZ = \sum_{i}^{n} EZ_i \cdot W_i$$

Legende:

GZ	=	Gesamtzufriedenheit
EZ_i	=	Zufriedenheit mit der Leistungskomponente i („Einzelzufriedenheit")
W_i	=	Wichtigkeit der Leistungskomponente i
i	=	Art der Leistungskomponente (z.B. Beratungsqualität, Öffnungszeiten)

Nicht zuletzt lässt sich ein **Kundenzufriedenheitsportfolio** erstellen, das auf **zwei Dimensionen** basiert:

- relative Bedeutung einzelner Leistungskomponenten für das Gesamturteil der Kunden sowie

- Ausmaß der erreichten Kundenzufriedenheit in Bezug auf diese einzelnen Leistungskomponenten.

Wie aus Abb. 13 ersichtlich wird, lassen sich die einzelnen Kerndimensionen mit Hilfe des Kundenzufriedenheitsportfolios in **vier Quadranten** einordnen, anhand derer sich unterschiedliche **Normstrategien** ableiten lassen:

- Die **Rechts-unten-Position** enthält sämtliche Leistungsbestandteile, bei der das bewertete Unternehmen zwar eine hohe Kundenzufriedenheit erreicht, diese Stärken aber von den Kunden als nicht sonderlich bedeutsam eingestuft werden. Konsequenterweise stellt sich hier die Frage, ob solche Leistungen nicht mehr Kosten verursachen als Kundennutzen stiften und demnach Einsparpotential bieten.

- Die **Links-unten-Position** beinhaltet ebenfalls Leistungskomponenten, die von den Kunden als vergleichsweise unwichtig bewertet werden. Hier kann das Unternehmen die geringe Kundenzufriedenheit akzeptieren, sollte diese Leistungsbereiche jedoch in Bezug auf Veränderungen in der Kundenwahrnehmung im Blick behalten.

- Die **Rechts-oben-Position** mit hoher relativer Bedeutung der Leistungskomponenten für den Kunden und gleichzeitig einem hohen Zufriedenheitsniveau repräsentiert die Wettbewerbsvorteile eines Unternehmens. Dementsprechend sollten diese Stärken ausgebaut oder zumindest gehalten und dem Kunden vermittelt werden.

•   Die **Links-oben-Position**, bei der die relative Bedeutung zwar ebenfalls hoch ist, die erreichte Kundenzufriedenheit jedoch niedrig ausfällt. Hier kommt es darauf an, die identifizierten Schwachstellen mit hoher Priorität auszumerzen.

Insgesamt sollte das **idealtypische Kundenzufriedenheitsprofil** also von rechts oben nach links unten verlaufen.

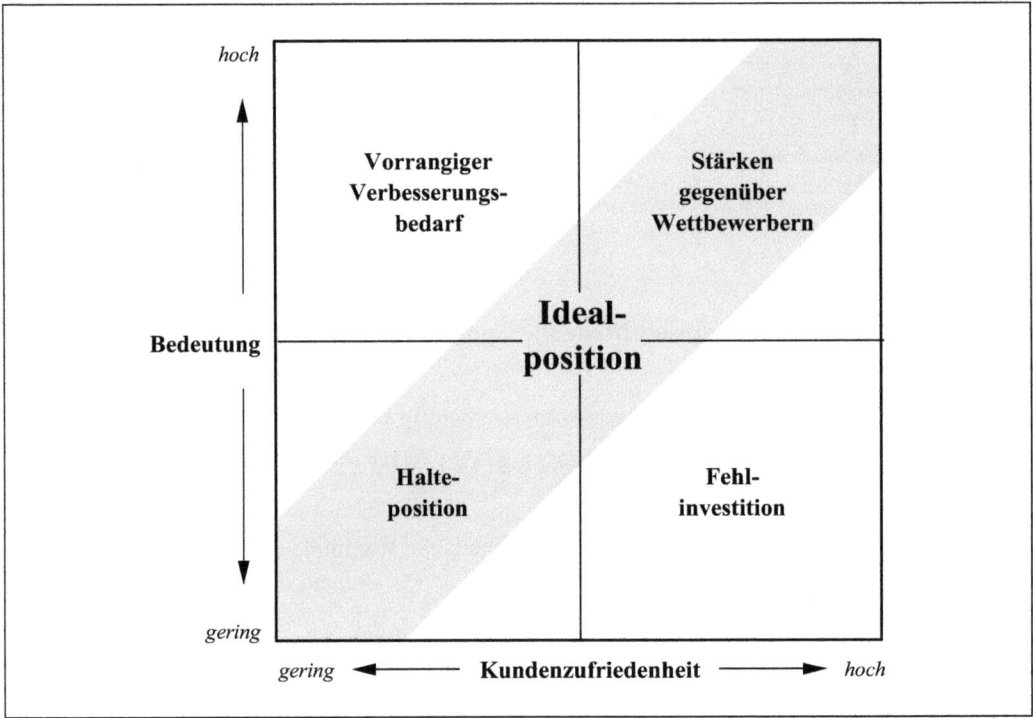

Abb. 13: Das Kundenzufriedenheitsportfolio

Zur Veranschaulichung dient das folgende Kundenzufriedenheitsportfolio am Beispiel eines Maschinenbauunternehmens (vgl. Abb. 14). Da offenkundig hoher Handlungsbedarf in der Kategorie „Servicedisposition" besteht, ist es zweckmäßig, diese Kategorie in Unterdimensionen aufzusplitten, um so konkreten Handlungsbedarf zu erkennen (vgl. Abb. 15).

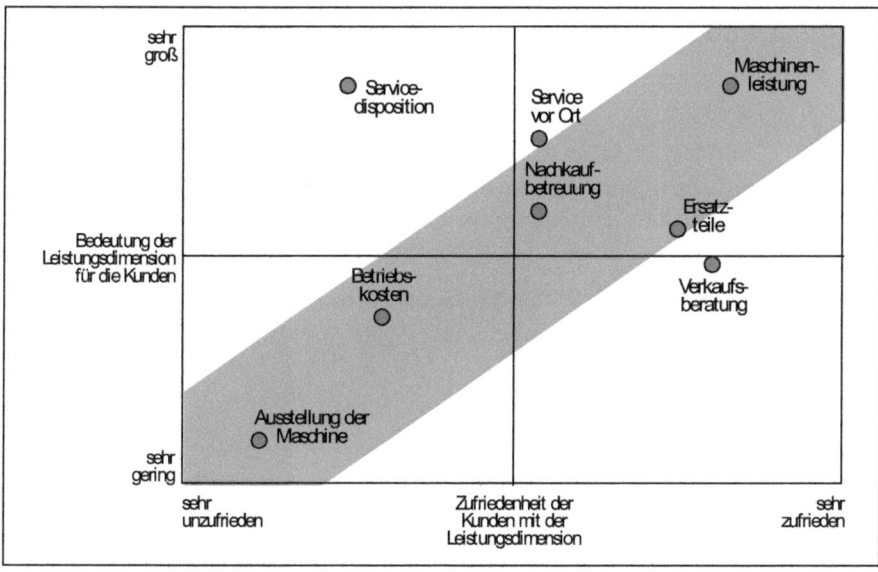

Abb. 14: Kundenzufriedenheitsportfolio am Beispiel „Maschinenbauunternehmen"

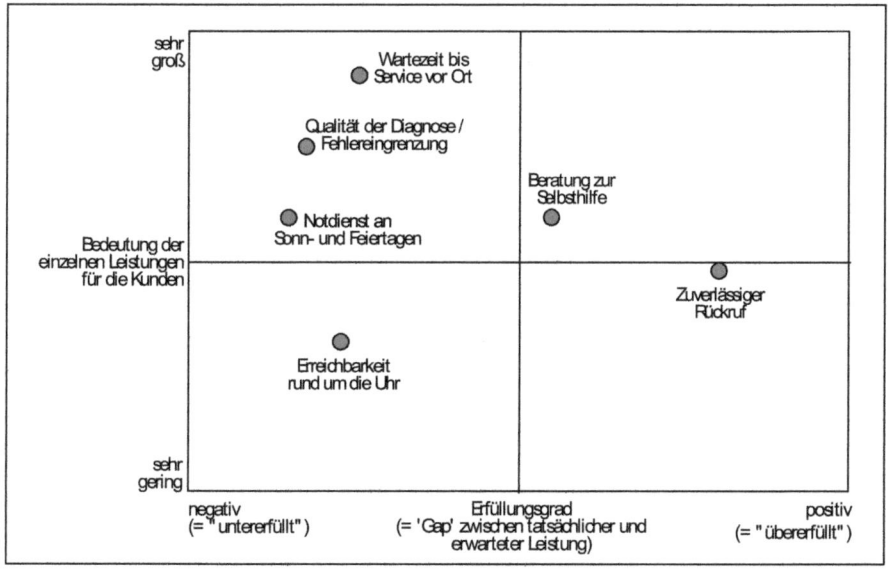

Abb. 15: Leistungsportfolio zur Ermittlung des Handlungsbedarfs bezüglich der Leistungsdimension „Servicedisposition"

3.2.3.2   Ereignisorientierte Verfahren

3.2.3.2.1   Überblick

Im Gegensatz zu den statisch ausgerichteten merkmalsorientierten Ansätzen beleuchten die ereignisorientierten Verfahren die Leistungserbringung im Zeitablauf (= **dynamische Perspektive**). Hierzu zählen

- **Methode der kritischen Ereignisse (Critical Incident-Technik)** sowie

- **Sequenzielle Ereignis-Methode.**

3.2.3.2.2   Methode der kritischen Ereignisse

Die Methode der kritischen Ereignisse, die sog. **Critical Incident-Technik (CIT)**, wurde bereits in den 1950er Jahren entwickelt und lange Zeit vorzugsweise in der **Arbeitszufriedenheitsforschung** sowie in der Sozialpsychologie eingesetzt (vgl. *Lohmann* 1997, S. 98 ff.). Mittlerweile hat die CIT u. a. auch im Marketing große Aufmerksamkeit erlangt. Da Kunden gerade **Extremerlebnisse** in Erinnerung behalten, wenn sie an ein Unternehmen denken, eignet sich die CIT sehr gut, **Defizite** während der Erbringung von Dienstleistungen **aufzuspüren** und zu **analysieren**.

Kritische Ereignisse (**Critical Incidents**) sind kurze, in sich abgeschlossene Ereignisse (**Episoden**), die ein Kunde im Kontakt mit einem Unternehmen bzw. dessen Mitarbeiter(n) als besonders positiv bzw. negativ erlebt. Bei einem Restaurantbesuch können eine angenehme Atmosphäre im Restaurant (z. B. leise Hintergrundmusik, Raumtemperatur, Dekoration von Raum und Tischen), eine schnelle, freundliche Bedienung oder der unkomplizierte Umgang mit einer Beschwerde positive Erlebnisse darstellen, welche u. U. dafür sorgen, dass der Gast (noch) zufriedener wird. Hingegen gehören lange Wartezeiten, als überhöht empfundene Preise oder das berühmte „Haar in der Suppe" zu den negativen Erlebnissen.

Kritische Ereignisse in der **Phase Bezahlung** können beispielsweise sein:

- Der Wunsch „Zahlen" wird lange Zeit ignoriert.

- Der Gast muss lange auf die Rechnung warten.

- Der Kellner kennt die verzehrten Speisen und Getränke nicht mehr.

- Der Kellner verrechnet sich zu Ungunsten des Gastes.

- Der Kellner akzeptiert „getrennte Kasse" nicht.

- Der Gast muss lange auf sein Wechselgeld warten.

* Das Wechselgeld stimmt nicht.

Bei der CIT bittet der Interviewer die Auskunftsperson mittels **offener Fragen**, die keine Antwortkategorien vorgeben, sich möglichst genau an **positive** bzw. **negative Erlebnisse** mit einem Unternehmen zu erinnern und diese zu schildern.

Beispiel:

a) Vielleicht haben Sie sich schon einmal oder mehrmals über unser Restaurant geärgert. Bitte schildern Sie dieses Erlebnis bzw. diese Erlebnisse kurz, aber so konkret wie möglich.

b) Hatten Sie in unserem Restaurant schon einmal ein Erlebnis, an das Sie sich gerne erinnern? Bitte schildern Sie dieses kurz, aber so konkret wie möglich.

Die folgenden Fragen dienen dazu, die die jeweiligen Ereignisse zu **präzisieren** (vgl. *Stauss* 1994)

* Was genau ist damals passiert? (= action)

* Wer genau machte was? (= actor)

* Wer oder was war Gegenstand des Vorfalls? (= object)

* Wo fand der Vorfall statt? (= place)

* Wann fand der Vorfall statt? (= time)

* Wie bewerten Sie das Ergebnis? (= evaluation)

* Was genau hat bei Ihnen (Un-)Zufriedenheit ausgelöst? (= cause)

* Wie haben Sie reagiert bzw. wie wollen Sie reagieren? (= consequence)

Die Methode der kritischen Ereignisse eignet sich insbesondere dann, wenn **konkrete Erlebnisse** der Kunden ermittelt und den Mitarbeitern plastisch vor Augen geführt werden sollen. Ein Nachteil besteht allerdings darin, dass die Auswertung der Antworten wegen der zu analysierenden offenen Fragen vergleichsweise **aufwendig** ist. Außerdem vermitteln die von den Kunden geschilderten Critical Incidents, bei denen es sich um Extremerfahrungen im Sinne besonders negativer bzw. positiver Erlebnisse handelt, plausibler Weise **keinen repräsentativen Überblick** über den Leistungsstand eines Unternehmens. Man kann aber die Methode der kritischen Ereignisse sehr gut mit dem merkmalsgestützten Verfahren **kombinieren**, um so im Vorfeld einer standardisierten Befragung sämtliche **Dimensionen** der **Zufriedenheit** aus Kundenperspektive zu erschließen.

Die folgenden Beispiele aus den Bereichen „Bahn" (vgl. Abb. 16) und „Tankstelle" (Schwerpunkt „Luft/Wasser-Insel"; vgl. Abb. 17 a/b/c) verdeutlichen Ablauf und Potential der CIT.

Positive Ereignisse (n = 556 bzw. 54,9 %)				Negative Ereignisse (n = 457 bzw. 45,1 %)			
Kontaktpunkt	Häufigkeit			Kontaktpunkt	Häufigkeit		
	abs.	in %	Summe		abs.	in %	Summe
Abfahrt			**72** (= 12,9 %)	**Abfahrt**			**32** (= 7,0 %)
• Pünktlichkeit	72	12,9		• Pünktlichkeit	32	7,0	
Abteil			**221** (= 39,7 %)	**Abteil**			**279** (= 61,0 %)
• Minibar	7	1,3		• Volle/fehlende Müll-eimer/Aschenbecher	12	2,6	
• Komfort (Abteil, Sitz)	51	9,2		• Komfort (Abteil, Sitz)	50	10,9	
• Bequemlichkeit	28	5,0		• Durchsagen (Verständlichkeit)	13	2,8	
• Durchsagen	10	1,8		• Überfüllung	70	15,3	
• Sitzplatzangebot	5	0,9		• Klimatisierung	55	12,0	
• Klimatisierung	16	2,9		• Belästigung durch Zigarettenrauch	16	3,5	
• Sauberkeit/neue Züge	25	4,5		• Sauberkeit/alte Züge	21	4,6	
• Ruhe/ Arbeitsmöglichkeit	34	6,1		• Fahrgeräusche	12	2,6	
• Leeres Abteil	20	3,6		• Fehlende Stroman-schlüsse für Notebooks	3	0,7	
• Bewegungsfreiheit (im Zug)	6	1,1		• Kein Platz für Kinder; keine Wickelmöglichkeit	8	1,8	
• Gepäckverstauung	3	0,5		• Unübersichtliche Sitzplatznummern	4	0,9	
• Telefon/Informations-tafeln	5	0,9		• Mangelnder Stauraum für Gepäck	15	3,3	
• Nette Mitreisende	5	0,9					
• Zeitung/Video	6	1,1					

Fortsetzung nächste Seite

Fortsetzung:

Personal			**164** **(= 29,5** **%)**	**Personal**			**26** **(= 5,7 %)**
• Am Platz-Service	39	7,0		• Am Platz-Service	2	0,4	
• Kompetenz	29	5,2		• Unfreundlichkeit	15	3,3	
• Freundlichkeit	96	17,3		• Häufige Fahrschein- kontrolle	9	2,0	
Restaurant			**29** **(= 5,3 %)**	**Restaurant**			**53** **(= 11,6** **%)**
• Preis/Leistungs- Verhältnis	22	4,0		• Preis/Leistungs- Verhältnis	43	9,4	
• Servicepersonal	7	1,3		• Servicepersonal	4	0,9	
				• Atmosphäre	6	1,3	
Toiletten			**2** **(= 0,4 %)**	**Toiletten**			**25** **(= 5,5%)**
• Sauberkeit	2	0,4		• Mangelnde Sauberkeit	25	5,5	
Ankunft			**68** **(= 12,2** **%)**	**Ankunft**			**42** **(= 9,2 %)**
• Schnelligkeit	28	5,0		• Zu lange Fahrtdauer	8	1,8	
• Pünktlichkeit	40	7,2		• Verspätung	27	5,9	
				• Unplanmäßige Stopps	7	1,5	
	100	**100 %**			**100**	**100 %**	

Abb. 16: Kritische Ereignisse bei der Bahn (während der Reise)
(Quelle: Kreilkamp 2003; Folien 33 ff.)

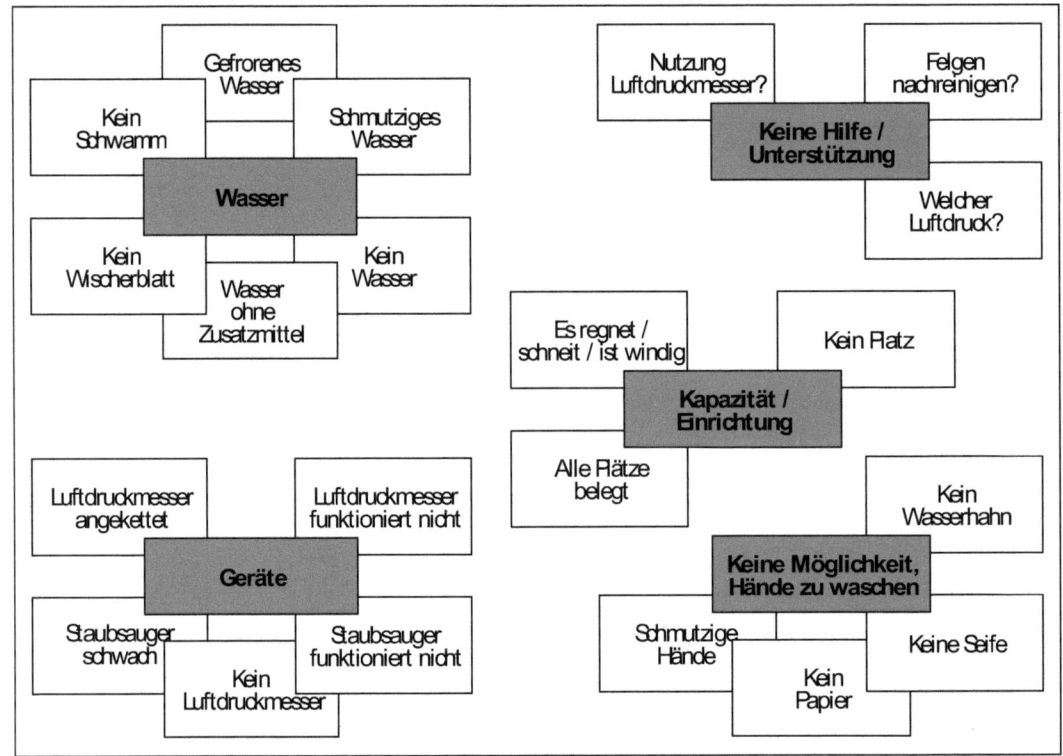

Abb. 17 a: Negative Kundenerlebnisse an der Tankstelle (Beispiel „Luft/Wasser-Insel")

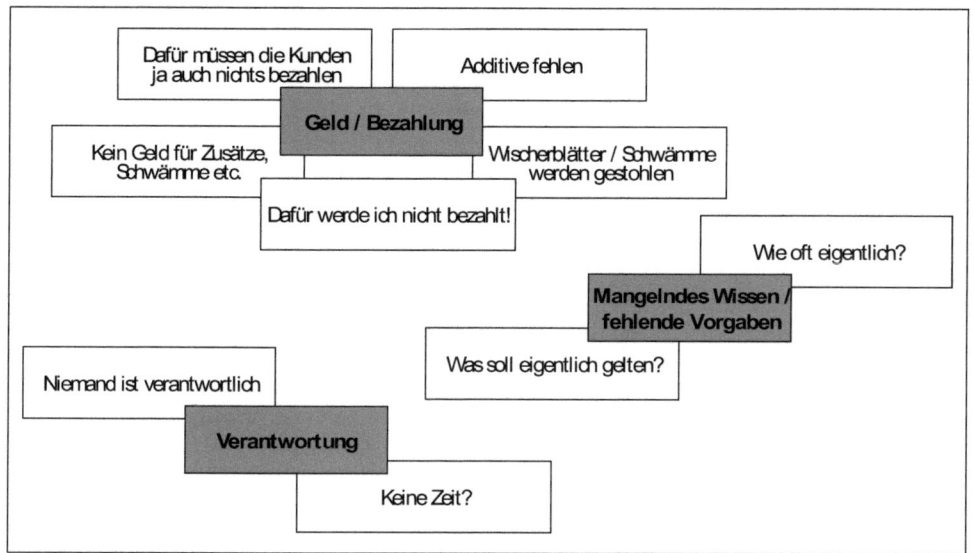

Abb. 17 b: Negative Kundenerlebnisse an der Tankstelle (Blockaden der Mitarbeiter im Bereich „Wasser")

Maßnahmen	Können wir selbst und sofort	Dazu brauchen wir Hilfe	Maßnahmen-pate	Bis wann zu erledigen?	Wie zu messen?
• Größeres Budget für Zusätze, Schwämme, Wischerblätter usw.	Ja	-	Buchholz	Bis in spätestens zwei Wochen	Nachfragen
• Kontrolle alle zwei Stunden; ggf. Wasser austauschen/nachfüllen; Schwamm bzw. Wischer ersetzen	Ja	-	Hellfried	Sofort	Checkliste
• Vorrat an Anti-Frost-Schutz auffüllen (für November bis März)	Ja	-	Neuberger	15. November	Nachfragen
• Vorrat an Insektenlösern bereitstellen (für April bis September)	Ja	-	Neuberger	15. März	Nachfragen

Abb. 17 c: Negative Kundenerlebnisse an der Tankstelle: Maßnahmen zur Beseitigung des Handlungsbedarfs Wasser

3.2.3.2.3   Sequenzielle Ereignis-Methode

Mit diesem **phasenorientierten** Instrument der Kundenbefragung wird eine Dienstleistung in einzelne Phasen zerlegt, um so die „**Augenblicke der Wahrheit**" (= **Moments of truth**) zu ermitteln, d. h. die Erlebnisse der Kunden während des Konsums einer Dienstleistung. Hierzu beschreiben die Befragten die einzelnen Phasen des Leistungserlebnisses anhand sog. **Blueprints** (= Blaupausen), wobei sie über die als außergewöhnlich positiv bzw. negativ empfundenen Ereignisse in den verschiedenen Phasen der Dienstleistung sowie über die jeweils empfundenen Gefühle und Gedanken Auskunft geben (vgl. *Schulze* 1999, S. 345 ff.). Mit Hilfe der Sequenziellen Ereignis-Methode lassen sich Ablauf und Ursachen all jener Probleme identifizieren und analysieren, welche die Zufriedenheit des Kunden maßgeblich beeinflussen.

Bei der Durchführung dieses Verfahrens, welches im Folgenden am Beispiel „Hotelaufenthalt" verdeutlicht wird (vgl. Abb. 18), hat sich folgender **Ablauf** bewährt (vgl. *Hinterhuber* u. a. 1997, S. 71; *Quartapelle/Larsen* 1996, S. 76 ff.; *Stauss/Seidel* 1995; *Bitner* 1993):

(1) **Visualisierung** sämtlicher Situationen, in denen ein Kunde während der Dienstleistung mit dem Anbieter in Kontakt kommt (in einem Ablaufdiagramm)

   Im vorliegenden Fall reichen diese sog. Kontaktpunkte von der Hotelankunft über Gepäckabgabe, Check in, Weg zum Zimmer, Empfang des Gepäcks, Aufenthalt im Zimmer, Anruf des Room Service, Erhalt der Speisen und Essen bis hin zu Check out und Abfahrt.

(2) Herstellung der einzelnen **Verbindungen** zu den unternehmensinternen Prozessen

   Die sog. **Line of external interaction** trennt die vom Kunden allein ausgeführten Handlungen (hier z. B. Hotelankunft, Weg zum Zimmer, dortiger Aufenthalt) von den Kontakten mit den Mitarbeitern des Unternehmens (z. B. Check in und Check out an der Rezeption). Die sog. **Line of visibility** wiederum grenzt den für den Kunden sichtbaren Teil des Dienstleistungssystems (z. B. Servieren der Speisen) vom unsichtbaren Teil (z. B. Zubereitung der Speisen) ab.

(3) Darstellung/Abbildung der wesentlichen Punkte des **physischen Umfeldes**, die der Kunde während der einzelnen Kontakte erlebt (z. B. Außenanlage des Hotels, Garage, Einrichtung/Ausstattung des Zimmers); denn diese spielen bei der Beurteilung der wahrgenommenen Dienstleistungsqualität eine wesentliche Rolle.

(4) Ermittlung von **Problemen**, **Kriterien** und **Teilprozessen**, welche die (Un-)Zufriedenheit der Kunden maßgeblich beeinflussen. Hierzu bietet es sich an, die Sequenzielle Ereignis-Methode mit der Critical Incident-Technik zu verknüpfen, um so die Ursachen der (Un-)Zufriedenheit des Kunden umfassend nachvollziehen zu können.

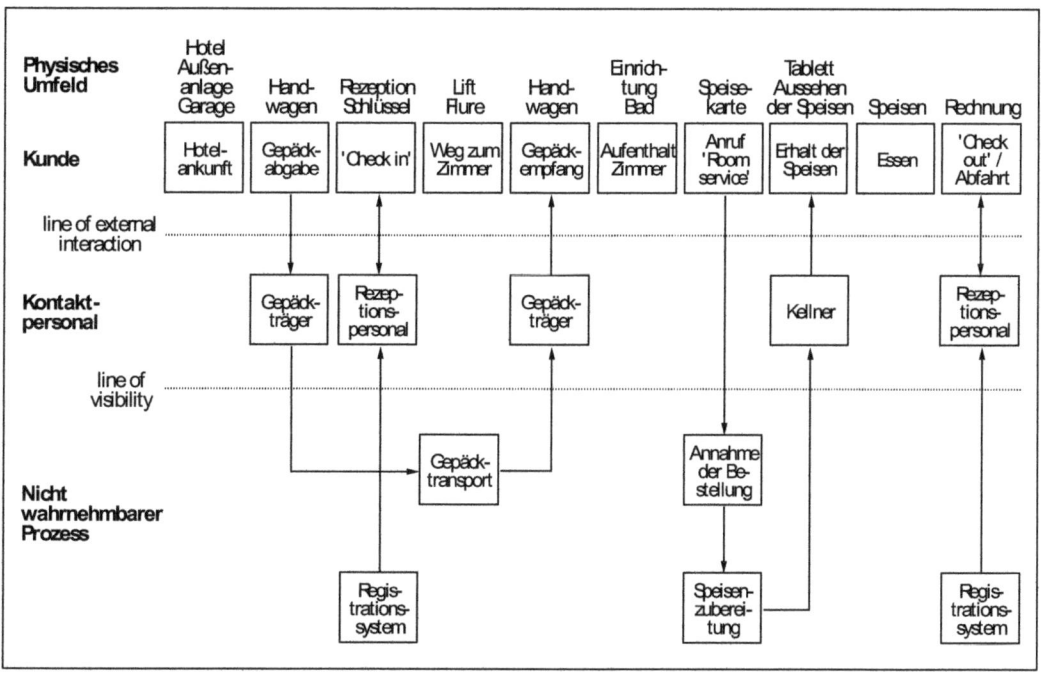

Abb. 18: Ablauf der Kundenprozessanalyse am Beispiel „Hotelaufenthalt"
(Quelle: Bitner 1993, S. 364)

Die Sequenzielle Ereignis-Methode ist eine Form der **gestützten Befragung**. Sie erleichtert es den Befragten wesentlich, sich an die einzelnen **Kontaktpunkte** zu erinnern, und trägt damit maßgeblich dazu bei, Erinnerungslücken zu schließen. Diesen Vorteil erkauft man sich mit dem Nachteil, dass dieses Verfahren sehr zeit- und kostenintensiv ist. Abb. 19 verdeutlicht die Vorgehensweise bei dieser Methode abschließend am Beispiel „Restaurantbesuch".

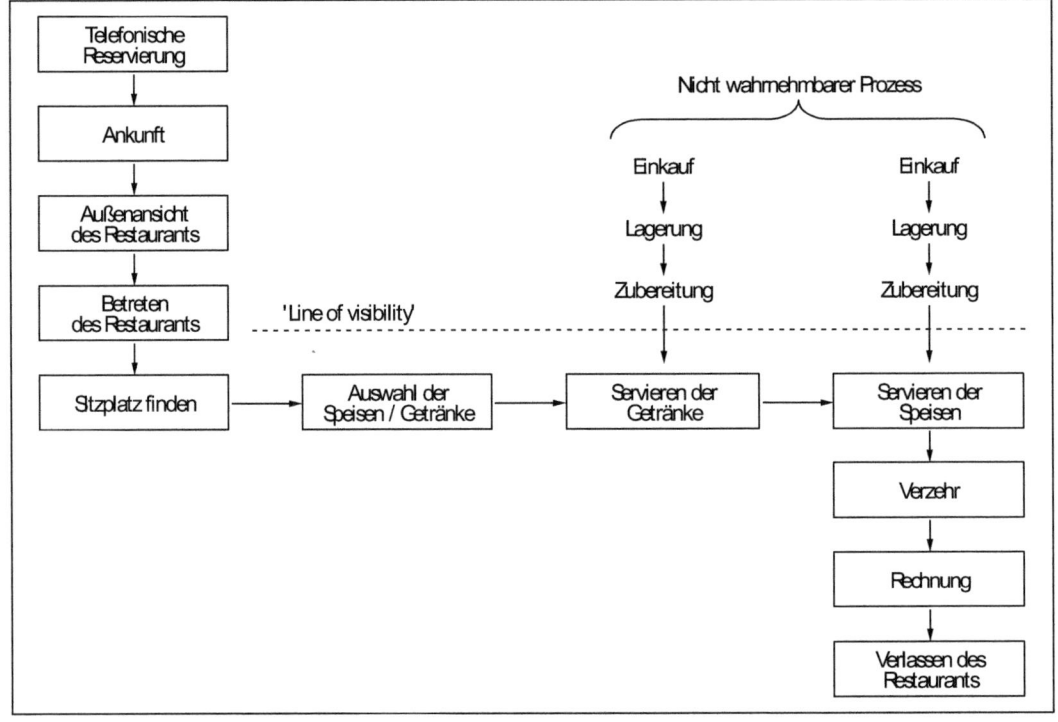

Abb. 19: Blueprinting am Beispiel „Restaurantbesuch" (Quelle: Kreilkamp 2003, Folie 29)

4 Flankierende Instrumente

4.1 Beschwerdemanagement

4.1.1 Beschwerden in der Unternehmenspraxis

Nicht immer läuft alles zur Zufriedenheit des Kunden und es kommt zu Beschwerden. Unverzichtbar im Zusammenhang mit einem erfolgreichen Kundenzufriedenheitsmanagement ist deshalb die systematische **Bearbeitung, Sammlung, Auswertung** und **Nutzung** von **Beschwerden** (vgl. im Folgenden *Bruhn* 1982; *Graf* 1990; *Günter* 1995, S. 275 – 291; *Hansen/Hofmann* 1989; *Hansen/Jeschke* 1991, S. 201 ff.; *Hansen/Schoenheit* 1987; Hirschman 1974; *Meffert/Bruhn* 1981, S. 597 – 613; *Meffert/Bruhn* 1979, S. 106 – 108; *Nieschlag/Dichtl/Hörschgen* 1997, S. 955 – 958; *Riemer* 1986; *Runow* 1982; *Stauss* 1989, S. 41 – 62; *Schneider* 1998b, S. 17 – 22). Da es bereits vor einem Kaufabschluss Grund zur Klage geben kann (z. B. unfreundliche Bedienung, unzulängliche Beratung, ungünstige Öffnungszeit), überschreiten diese den Rahmen rechtlich begründeter **Reklamationen**. Für Reklamationen ist charakteristisch, dass der Verkäufer für Sachmängel nach den §§ 459 ff. BGB haftet. Sie bilden also einen Sonderfall der Beschwerde, woran deutlich wird, dass eine ausschließliche Fokussierung auf Reklamationen, wie sie von den meisten Unternehmen praktiziert wird, viel zu kurz greift.

Um auf Beschwerden angemessen reagieren zu können, benötigt ein Unternehmen detaillierte Kenntnisse über das Verhalten seiner unzufriedenen Kunden. Unzufriedenheit kann sich darin äußern, dass jemand mehr oder weniger deutlich seinem Unmut Luft macht, oder aber er verzichtet aus Unkenntnis, einer Fehleinschätzung der Lage heraus oder wegen vermeintlicher Aussichtslosigkeit des Unterfangens darauf. Demnach handelt es sich bei Beschwerden um die **„Spitze des Eisbergs Unzufriedenheit"**.

Ob es bei Unzufriedenheit zu einer Beschwerde kommt oder nicht, hängt im Wesentlichen von **drei Faktoren** ab (vgl. *Hansen/Jeschke* 1991, S. 205 ff.):

- Unzufriedene Kunden wägen ab, ob der mit einer Beschwerde voraussichtlich verbundene **Erfolg** (Wiederherstellung der Funktionsfähigkeit des erworbenen Produktes, Ersatz der Ware, Rückerstattung oder nachträgliche Minderung des Kaufpreises, in der Kritik an einem Mitarbeiter liegende Befriedigung etc.) den damit einhergehenden **Aufwand** (z. B. Telefon-, Porto- und Fahrtkosten; physische und psychische Anstrengungen) rechtfertigt. Ist dies nicht der Fall, verzichtet man auf die Beschwerde. In diesem Zusammenhang wurde festgestellt, dass sich unzufriedene Kunden häufig von dem hohen zeitlichen und finanziellen Einsatz, dem Fehlen einer Erfolgsgarantie und dem mit der Äußerung einer Beschwerde verbundenen Ärger ab-schrecken lassen (vgl. *Goodman u. a.* 1987, S. 168 ff.).

- Käufer beschweren sich umso eher, je bedeutsamer ihnen ein **Problem** erscheint, je klarer es sich um einen offenkundigen **Mangel** handelt und je genauer die **Ursache** der Unzufriedenheit eingegrenzt werden kann. Konsequenterweise beziehen sich Unmutsäußerungen überwiegend darauf, dass neue Produkte Mängel aufweisen oder bereits in Gebrauch befindliche nicht sach-gemäß repariert bzw. gewartet wurden (vgl. *Weinhold/Baumgartner* 1982, S. 73).

- Neben **soziodemographischen Größen** wie Alter, Geschlecht, Bildung und Beruf sind es vor allem psychische Faktoren, die das Beschwerdeverhalten von Verbrauchern beeinflussen. Es leuchtet ein, dass sich eher solche Menschen beschweren, die Selbstvertrauen besitzen, als Meinungsführer fungieren und über fundierte Produktkenntnisse sowie einschlägige Informa-tionen und Erfahrungen im Umgang mit Kontrahenten verfügen (vgl. *Bruhn* 1982, S. 145).

Statt Beschwerden als Chance zu begreifen, neigen die meisten Unternehmen bzw. deren Mitar-beiter dazu, diese bewusst zu übersehen, nach außen hin abzuwehren und/oder nach innen hin zu vertuschen. Ein derartiges Verhalten ist auf folgende **Befürchtungen** zurückzuführen:

- Mitarbeiter empfinden Beschwerden als unangenehm, da sie Fehler sichtbar machen und zu negativen persönlichen Konsequenzen führen können.

- Niedrige Beschwerderaten werden gemeinhin als Zeichen von Qualität, hohe Beschwerderaten hingegen als negativer Imagefaktor angesehen.

- Die Kosten der Beschwerderegulierung (z. B. Zahlungen aus Kulanzgründen, Gewährung von Geschenken, Verzicht auf Berechnung von Werkstattleistungen) werden gefürchtet, während der Nutzen, der aus der Beschwerdehandhabung erwächst (Umsatzsicherung durch Kunden-bindung, Mund-zu-Mund-Werbung zufriedener Kunden etc.), auf den ersten Blick nicht er-fassbar scheint.

- Unternehmen fürchten, dass ein aktiver Umgang mit Beschwerden sowohl die Ansprüche der Kunden als auch die Gefahr des Missbrauchs durch sog. Querulantentum erhöht.

Die skizzierten Ängste führen dazu, dass Mitarbeiter dazu neigen, Beschwerden mit Hilfe bestimmter **Techniken** in den Hintergrund zu drängen. Hierzu zählen

- der Aufbau vom Beschwerdebarrieren (etwa fehlende Ansprechpartner oder keine klaren Zuständigkeiten),

- das Bagatellisieren der Probleme im Gespräch mit dem Kunden und

- die kleinliche Regulierung der Beschwerde.

Durch derartige Verhaltensweisen werden zwar die sich aus der Unzufriedenheit des Kunden ergebenden Probleme beiseitegeschoben, die möglichen negativen Folgen (stille Abwanderung, negative Mund-zu-Mund-Werbung) jedoch nicht behoben.

4.1.2   Phasen des Beschwerdemanagement (KANBAN)

Im Zuge eines **aktiven Beschwerdemanagement** (vgl. im Folgenden *Schneider/Kornmeier* 2006, S. 155 – 162) gilt es, Beschwerden systematisch

- zu sammeln,

- zu bearbeiten,

- zu auswerten und

- zu nutzen.

Aktives Beschwerdemanagement umfasst demnach die in Abb. 20 dargestellten Schritte.

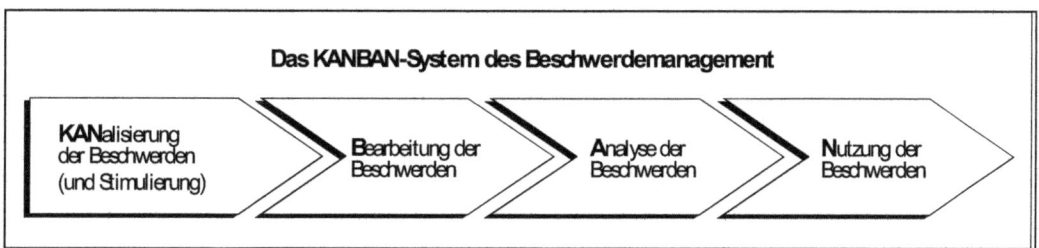

Abb.20: Das „KANBAN-System" des Beschwerdemanagement

1. Kanalisierung der Beschwerden (und Stimulierung)

Unternehmen sollten unzufriedenen Kunden die Möglichkeit geben, ihrem Ärger Luft zu verschaffen. Denn die Unternehmenspraxis zeigt, dass es zahlreichen unzufriedenen Kunden genügt, den Mitarbeitern des betreffenden Unternehmens einmal die Meinung zu sagen und ihnen das Versprechen auf Besserung abzunehmen. Es mag zunächst paradox erscheinen, aber Unternehmen sollten darauf achten, dass sich unzufriedene Kunden auch tatsächlich bei den Mitarbeitern beschweren. Nur so lässt sich verhindern, dass verärgerte Kunden still und leise abwandern.

Folgende Maßnahmen tragen dazu bei, **Beschwerdebarrieren abzubauen**, und erleichtern es demnach unzufriedenen Kunden, sich zu beschweren:

• Aktiver Hinweis der Mitarbeiter auf Möglichkeiten zur Beschwerde

• „Meckerkasten" (z. B. im Verkaufsraum)

• Beschwerdetelefon (Hinweis auf diese Einrichtung auf Rechnungsformularen, Gebrauchsanweisungen, Plakaten, in Anzeigen, Werbebriefen u. ä.)

• Geld zurück-Garantie („Bei Unzufriedenheit Geld zurück")

2. Bearbeitung der Beschwerden

Mitarbeiter müssen mit berechtigten Kundenklagen positiv umzugehen lernen. Dies bedeutet jedoch nicht, dass Unternehmen jede Beschwerde akzeptieren. Mit Blick auf die vielfältigen Beanstandungsursachen und vor dem Hintergrund des zunehmenden **Querulantentums** ist es vielmehr erforderlich, Beschwerden fallweise zu prüfen, indem man sich auf spezielle Kriterien, wie bisheriges Umsatzvolumen, Verantwortlichkeit oder Garantieanspruch, stützt. Gilt eine Beschwerde als berechtigt, sollte möglichst schnell eine für alle Beteiligten zufrieden stellende Lösung gefunden werden, nicht zuletzt, um die Zeitspanne für negative Mundpropaganda zu reduzieren.

Die Beschwerdereaktion eröffnet zahlreiche Möglichkeiten, unterschiedlich **wertvolle Kundensegmente** durch die Gewährung von spezifischen Problemlösungen/Wiedergutmachungen unterschiedlich zu behandeln. In Abb. 21 findet sich ein diesbezügliches Beispiel aus der Versicherungswirtschaft. Während A-Kunden das wertvollste Segment repräsentieren, verzeichnen D-Kunden den geringsten Kundenwert.

Problem / Kundengruppe	Änderung Kontodaten nicht beachtet	Schlechte Performance Produkt	Schlechtberatung	Unfreundlicher Mitarbeiter
A	• Rücknahme Mahngebühren • Entschuldigungsschreiben Vorstand	• Entschuldigungsschreiben • Gutschrift bis 5 %	• Alternativprodukt • VIP-Karten French Open	• Entschuldigungsschreiben • Flasche Wein
B	• Rücknahme Mahngebühren • Entschuldigungsschreiben Vorstand	• Entschuldigungsschreiben • Gutschrift bis 2 %	• Entschuldigungsschreiben • Erstattung Provision	• Entschuldigungsschreiben
C	• Rücknahme Mahngebühren • Entschuldigungsschreiben Vorstand	• Entschuldigungsschreiben • Gutschrift bis 1 %	• Entschuldigungsschreiben • Erstattung Provision	• Entschuldigungsschreiben
D	• Rücknahme Mahngebühren • Entschuldigungsschreiben Vorstand		• Entschuldigungsschreiben	• Entschuldigungsschreiben

Abb. 21: Beschwerde-Reaktions-Matrix in Abhängigkeit vom Kundenwert am Beispiel einer Versicherung (Quelle: Rütten 2007, S. 6)

3. Analyse der Beschwerden

Unternehmen, die aktives Beschwerdemanagement betreiben, um das zukünftige Ausmaß an Unzufriedenheit zu mindern, sollten die Beanstandungen systematisch auswerten, indem sie eine Prüfliste anlegen und die einzelnen Fälle darin dokumentieren. Auswertung und Vergleichbarkeit der Angaben lassen sich vereinfachen, wenn detaillierte Antwortkategorien vorgegeben werden.

Eine **Prüfliste**, die der Dokumentation und Analyse bisheriger Beschwerden dient, sollte – ähnlich wie die Auswertung von Reklamationen und Garantiefällen – folgende Informationen enthalten.

• Datum

• Adresse des sich beschwerenden Kunden

• Dauer der Beziehung zum Kunden, Umsatzvolumen des Kunden (falls möglich, Umsatzgrößenklassen vorgeben) und weitere entscheidungsrelevante Eigenschaften des Kunden

• Beschwerdeweg (Brief, Telefon, Gespräch)

- Grund der Beschwerde (Liste mit möglichen Gründen vorgeben, etwa Funktionsfähigkeit des Produkts, Freundlichkeit des Personals, Wartezeiten)

- Verantwortungsbereich (Liste mit Abteilungen oder Zuständigkeiten vorgeben, aber keine Namen von Mitarbeitern nennen, da sonst unternehmensinterne Akzeptanzprobleme entstehen)

- Garantieanspruch (ja / nein)

- Eingeleitete Maßnahme(n) (mögliche Kategorien: Preisnachlass, Geld zurück, Umtausch, Reparatur, Schadenersatz; Beratungsleistungen, Entschuldigung)

- Zeitraum zwischen Beschwerde und Bearbeitung sowie Lösung des Problems (tagesgenau)

- Zufriedenheit des Kunden mit der Lösung des Problems (siebenstufige Skala von -3 (= sehr unzufrieden) bis +3 (= sehr zufrieden))

4. Nutzung der Beschwerden

Die in der Beschwerdeanalyse gewonnenen Informationen erfüllen nur dann ihren Zweck, wenn sie an die betroffenen unternehmensinternen (z. B. Verkauf) und -externen (z. B. Lieferanten) Stellen weitergeleitet werden. Unternehmensintern können Informationen über Beschwerden für Schwachstellenanalysen genutzt werden (z. B. in Qualitätszirkeln oder Fokusgruppen).

4.2 Aufbau von Wechselbarrieren

4.2.1 Überblick

In der Realität begegnet man nicht selten dem Fall, dass Kunden trotz Zufriedenheit die Marke bzw. den Anbieter wechseln. Dieses Phänomen bezeichnet man als **Variety-Seeking**, also als Suche nach Abwechslung im Konsum aufgrund von Langweile bzw. Neugier. Variety-Seeking tritt insbesondere bei Produkten auf, deren Erwerb in den Augen des Verbrauchers ein nur geringes Risiko in sich birgt und schwerpunktmäßig von geschmacklichen Aspekten bestimmt wird (vgl. *McAlister* 1982, S. 141 ff.).

Eine dauerhafte Beziehung zu den Kunden lässt sich in diesem Fall nicht durch die Optimierung von Kundenzufriedenheit erzielen. Vielmehr müssen Maßnahmen, die entweder den Kunden technisch, ökonomisch, juristisch, psychisch und/oder sozial binden, so dass die Bindung den Wunsch nach Abwechslung überlagert, oder auf Abwechslung in den Augen des Kunden ausgerichtet sind. Parallel dazu können derartige Wechselbarrieren genutzt werden, unzufriedene Kunden zumindest für eine begrenzte Zeit an der Abwanderung zu hindern.

4.2.2 Technisch-funktionale Kundenbindung

Bei manchen Produkten besteht die Möglichkeit, die Kunden über ein System technisch zu binden und auf dieser Basis eine langfristige Beziehung aufzubauen (= **technische Kundenbindung**; Lock-in-Effekt durch Investition in „geschlossene" Technologien; Oral-B-Zahnbürste, Kaffee-Kapsel-Systeme, Nass-Rasierer, Spielekonsolen, Computer und Peripheriegeräte). Ein solcher Lock-in-Effekt entsteht, wenn Produkt- oder Servicekomponenten nur über einen Hersteller bezogen werden können oder komplementäre Produkte nur gemeinsam Nutzen stiften.

John D. Rockefeller begann um 1870, gegenseitige technisch-physikalische Abhängigkeiten von Produkten auszunutzen, als er Petroleumlampen in China verschenkte, wo er ein Petroleummonopol besaß. Seine Lampen brannten nur mit dem von ihm verkauften Petroleum.

Im Jahre 1902 brachte King Camp Gillette ein revolutionäres Rasiergerät auf den Markt. Statt der damals üblichen Rasiermesser, die nachgeschärft werden mussten, verkaufte Gillette einen patentierten Klingenhalter, zu dem wegwerfbare Sicherheitsklingen passten. Diese waren billig herzustellen und konnten mit hoher Marge dauerhaft an die Besitzer der Klingenhalter verkauft werden.

Die Einführung von Kaffeepads/Kapseln im Jahre 1986 bot Anbietern solcher Systeme die Möglichkeit, Käufer solcher Maschinen an einen speziellen Pad- bzw. Kapsel-Standard zu binden. Die Nutzer solcher Maschinen sind gezwungen, die zugehörigen Pads oder Kapseln vom selben Hersteller zu beziehen, was sie von der Preissetzung des Pad-/Kapselanbieters abhängig macht.

4.2.3   Ökonomische Kundenbindung

Eine technisch-funktionale Kundenbindung ist allerdings in vielen Branchen, insbesondere bei kurzlebigen Konsumgütern, nicht realisierbar. Hier besteht die Möglichkeit, zufriedene, aber wechselfreudige Kunden mit der Gewährung von ökonomischen Anreizen mittels dem Sammeln von Punkten und/oder dem Erreichen eines höheren Status an sich zu ketten (= **ökonomische Kundenbindung**). Ökonomische Kundenbindung entsteht auch, wenn ein Anbieterwechsel für die Kunden aus wirtschaftlichen Gründen unvorteilhaft, d. h. mit sehr hohen Kosten verbunden ist.

Das Spektrum an Instrumenten der ökonomischen Kundenbindung reicht von einfachen Stempelkarten im Döner-Kebab-Imbiss um die Ecke bis hin zum komplexen Vielfliegersystem einer Airline. Sehr häufig werden in diesem Zusammenhang klassische Mengenrabatte eingesetzt.

Auch Dienstleister nutzen diese Form der Kundenbindung. So belohnt die *Deutsche Lufthansa AG* mit dem Miles & More Programm ihre Kunden für ihre Treue. Das Prinzip dabei ist einfach: Dem Kunden werden bei jedem *Lufthansa*-Flug die geflogenen Meilen auf einem persönlichen Konto gutgeschrieben. Ab einem bestimmten Mindestkontostand können diese Meilen dann gegen verschiedene Prämien wie Freiflüge oder kostenlose Übernachtungen in Partnerhotels der *Lufthansa* eingetauscht werden, wobei diese Vergünstigungen auch auf andere Personen übertragbar sind.

Auch **Bonuskartensysteme bzw. -apps** sind eine Form der ökonomischen Kundenbindung. Wer an einem System teilnimmt, wird für seine Treue belohnt. Jedes Mal, wenn der Konsument bei einem teilnehmenden Unternehmen einkauft, bekommt er eine bestimmte Anzahl von Bonuspunkten gutgeschrieben, die er dann später als Gutschrift oder in Form von Sachprämien einlösen kann. Darüber hinaus schalten die Anbieter zumeist zeitlich begrenzte Sonderaktionen, bei denen den Karten- bzw. Appbesitzern Rabatte auf den Erwerb von (bestimmten) Produkten eingeräumt werden.

Die Unternehmen nutzen die Bonusprogramme zunächst als Instrument der Kundenbindung. Darüber hinaus dienen die Daten dazu, Kundenprofile zu erstellen und mit deren Hilfe das Sortiment zu optimieren sowie Streuverluste in Werbung und Verkaufsförderung zu vermeiden. Nicht zuletzt verkaufen Unternehmen diese Daten auch weiter.

Datenschützer kritisieren, dass die Informationen nicht nur zur Optimierung des Sortiments genutzt würden, sondern das konkrete Kaufverhalten einzelnen Personen zugeordnet würde. Dies sei noch problematischer, wenn die Karten auch noch mit einer Zahlungsfunktion ausgestattet seien (etwa Kreditkarte oder EC-Karte, die aber nur in dem Kundenkartensystem angeschlossenen Geschäften funktioniert). Die Unternehmen versprechen sich hierdurch eine häufigere Nutzung der Karte. Datenschutzrechtlich brisant wird es jedoch, wenn die Datenströme bezüglich Sammel- und Zahlungsfunktion nicht strikt voneinander getrennt werden. Dann nämlich wird es beispielsweise möglich, aus dem Kaufverhalten Rückschlüsse auf die Kreditwürdigkeit eines Kunden zu ziehen (vgl. *Hildebrandt-Woeckel* 2007, S. 25).

Neben Anreizen kann auch die Aussicht auf ökonomischer Verluste, z. B. in Form von Beendigungskosten einer Geschäftsbeziehung, zur Bindung führen. Dies ist beispielsweise bei Prepaid-Handys der Fall. Wenn der Kunde auch andere Karten als die mit dem Handy erworbene vor Ablauf einer bestimmten Frist nutzen möchte, muss er eine einmalige Gebühr an den Kartenanbieter entrichten. Ebenso können direkte Wechselkosten den Kunden daran hindern, abzuwandern. Ein Beispiel stellen Auflösungsgebühren für ein Konto dar, die den Kunden davon abhalten sollen, die jeweilige Bank zu wechseln.

4.2.4 Juristische Kundenbindung

Zum Aufbau rechtlicher Wechselbarrieren (= **juristische Kundenbindung**) führen:

*   Exklusivverträge,

*   festgelegte Vertragslaufzeiten sowie

*   freiwillige Garantien [etwa 7-Jahres-Garantie von *Kia*; Mobilitätsgarantie von *Mercedes*, die daran gebunden sind, dass sämtliche Wartungs- und Reparaturarbeiten in unternehmenseigenen Werkstätten durchgeführt werden])

4.2.5 Soziale Kundenbindung

Soziale Wechselbarrieren entstehen, wenn Kunden in das Unternehmen integriert werden (= **soziale Kundenbindung**). Dies ist der Fall, wenn die Kunden gleichzeitig auch Aktionäre oder Mitarbeiter sind. Zwischenmenschliche Kontakte und Freundschaften können ebenso eine solche Hürde darstellen. Nicht zuletzt kann eine soziale Integration über die Bildung von Kundenclubs oder die Einrichtung von Kundenbeiräten hergestellt werden.

Zu den Beispielen für Kundeclubs zählen *Ikea* Family, *Steigenberger-*, *Porsche-* und *Camel*club. Die Mitglieder solcher Kundenclubs genießen Vorteile in Form von Clubzeitungen, -veranstaltungen, vergünstigten Versicherungen und Reisen, Liefer- und Bestellservices, Vorzugspreisen sowie Add-on-Services wie z. B. Probefahrten mit neuen Modellen.

Auch im B2B Sektor gibt es soziale Wechselbarrieren. Hier sind aber meist, auch private, Freundschaften oder einfach eine langjährige Verbundenheit der Grund.

4.2.6   Psychologische Kundenbindung

Ein Unternehmen kann sich psychologische Hürden (= **psychologische Kundenbindung**) zu Nutze machen. Man denke in diesem Zusammenhang an die Mühen, die viele Verbraucher mit dem Wechsel der Bankverbindung, der Autoversicherung, der Telefongesellschaft und/oder des Stromlieferanten verbinden.

Weitere Gründe für psychologische Kundenbindung sind:

- Vertrauen in den Anbieter, d. h. Überzeugung, dass Versprechen gehalten werden/Zuverlässigkeit

- Commitment/Identifikation mit dem Anbieter: persönliche Verbundenheit und deshalb Wunsch, Beziehung weiterzuführen

- Innere Verpflichtung: aufgrund der Anstrengungen des Anbieters fühlt sich Kunde moralisch bzw. zu Fairness verpflichtet; Rücksichtnahme aufgrund langer Beziehung

4.2.7   Situative Kundenbindung

Im Falle der **situativen Kundenbindung** hat der Kunde ein Bedürfnis, das räumlich, zeitlich und/oder aus Gründen der Bequemlichkeit nur von einem Anbieter befriedigt werden kann. Er hat dann keine andere Möglichkeit, als sich für den einzig verfügbaren Anbieter zu entscheiden, oder eine andere Wahl wäre mit einem vergleichsweise hohen Aufwand verbunden. Situative Wechselbarrieren entstehen, wenn

- es in der Nähe nur einen einzigen Anbieter gibt (Mangel an Alternativen),

- Zeitdruck bei der Kaufentscheidung besteht (Dringlichkeit des Bedarfs) und/oder

- Bequemlichkeit beim Kauf eine Rolle spielt (günstiger Standort, Online-Handel).

In diesen Fällen verfügt der Anbieter räumlich und/oder zeitlich über ein Monopol. Die Situation eines räumlichen Monopols ist häufig in ländlichen Regionen anzutreffen, wo es häufig nur ein Anbieter gibt ist (etwa bei Tankstellen, Supermärkten). Auch Autobahnraststätten, Einkaufszentren und Geschäfte in Bahnhöfen sowie Flughäfen machen sich diese Situation zu Nutze. Bei diesen kommt ergänzend die Dringlichkeit des Bedarfs sowie die Bequemlichkeit des Kunden hinzu.

5 Maxime Kundenzufriedenheit – kein Allheilmittel

Die Zufriedenheit der Kunden – so der allgemeine Tenor – bildet die Basis für den Unternehmenserfolg, weil sie Kundenbindung, Kundentreue oder positive Mundpropaganda nach sich zieht (im Folgenden *Schneider/Kornmeier* 2007). Unzufriedenheit hingegen verursacht beim betroffenen Unternehmen häufig Kosten, man denke etwa an Aufwendungen für die Befriedigung von Regressansprüchen oder an Opportunitätskosten infolge von Abwanderung, negativer Mundpropaganda und Beschwerden. Und dennoch: Trotz ihrer unbestrittenen Relevanz zeichnet sich das Konstrukt „Kundenzufriedenheit" durch gewisse Schwächen und Unzulänglichkeiten aus, die im Folgenden aufgeführt werden:

(1) Zufriedenheit führt in vielen Fällen <u>nicht</u> zu Kundenbindung und damit zu ökonomischem Erfolg.

Schlaglichtartig lässt sich das Kundenverhalten anhand verschiedener Entwicklungen skizzieren. Verbraucher werden in Bezug auf Preis und Leistung immer anspruchsvoller (Anspruchsinflation). Die Kritikbereitschaft vieler Verbrauchergruppen nimmt aufgrund ihrer immer besseren Ausbildung und ihres gestiegenen Anspruchsniveaus zu. Immer mehr Verbraucher verhalten sich „unberechenbar": Beim Kauf von Waren des täglichen Bedarfs suchen sie nach preisgünstigen Produkten, um das Budget für Güter des demonstrativen Konsums aufzustocken (hybrides Kaufverhalten). Auch relativ wohlhabende Verbrauchersegmente, die „Smart Shopper", werden bei (hochwertigen) Markenartikeln immer preissensibler und nutzen die „Schnäppchenjagd" als Freizeitbeschäftigung. Viele Konsumenten erblicken einen besonderen Anreiz in der Möglichkeit, ständig zwischen verschiedenen Marken oder Unternehmen zu wählen, die sie als mehr oder minder gleichwertig wahrnehmen (Variety-Seeking).

Vor dem Hintergrund der skizzierten Entwicklungen ist leicht nachvollziehbar, dass es immer schwieriger wird, Kunden durch günstige Preise oder bessere Qualität und Leistung dauerhaft zufriedenzustellen und an sich zu binden (Verbundenheitsstrategie). Erfolgreich wird nur sein, wer Kunden überdies daran hindert, zu als gleichwertig wahrgenommenen Konkurrenten abzuwandern. Diese Gebundenheitsstrategie lässt sich mit Maßnahmen beziehungsweise Instrumenten umsetzen, die den Kunden technisch (Lock-In-Effekte durch „geschlossene" Technologien; Oral-B-Zahnbürste, Kaffee-Kapsel-Systeme, Nass-Rasierer), ökonomisch (Bonusprogramme), juristisch (Langfristvertrag, freiwillige Garantieleistungen), psychisch (Markenbildung, Furcht vor Anbieterwechsel, [Kontoverbindung Bank, Stromanbieter, Telefongesellschaften]), situativ (günstiger

Standort, Bequemlichkeit Online-Handel) und/oder sozial (Kundenclub, Aufbau emotionaler Bindungen, Add-on-Services wie z. B. Probefahrten mit neuen Modellen) an das Unternehmen binden.

(2) Für Unternehmen kann es schwerwiegende negative Konsequenzen haben, wenn sie sich ausschließlich auf die Zufriedenheit ihrer Kunden konzentrieren und die Neukundenakquisition vernachlässigen.

Die Beziehung zu den Kunden ist häufig zeitlich begrenzt und kann nur zum Teil mit den Instrumenten des Marketing verlängert werden. Denn Kunden sterben, ziehen aus dem Einzugsgebiet weg oder haben keinen Bedarf mehr an den Produkten des Unternehmens (Babywindeln).

Angesichts dieser natürlichen Fluktuation kann es auf Dauer nicht genügen, sich ausschließlich auf die Zufriedenheit seiner Kunden zu konzentrieren. Vielmehr muss der Kundenbestand immer wieder aufgefrischt werden. Letzteres ist in stark wachsenden Märkten überlebensnotwendig, da sich die Größenvorteile zugunsten der Konkurrenten verschieben. Wer vor diesem Hintergrund ausschließlich die Maxime „Kundenbindung durch Kundenzufriedenheit" verfolgt (und die kostenintensivere Neukundenakquisition vernachlässigt), gefährdet den Unternehmenserfolg.

(3) Wer den Unternehmenserfolg steigern will, muss in Kauf nehmen, dass bestimmte Kundensegmente unzufrieden sind und abwandern.

Gemeinhin wird davon ausgegangen, dass die Dauer der Kundenbeziehung Rentabilität und Gewinn positiv beeinflusst. Wer daraus jedoch folgert, dass man jeden Kunden zufriedenstellen und damit an das eigene Haus binden muss, erliegt einem Trugschluss. Ziel sollte es vielmehr sein, die wertvollen Kunden herauszufiltern (Kundenwertanalyse). Weitaus erfolgversprechender als die uneingeschränkte Kundenorientierung ist es, Kunden unter Profitgesichtspunkten auszuwählen und zu betreuen: Unternehmen müssen sich von unrentablen Kunden trennen. „Trennungsgründe" liefert der sog. **Customer Lifetime Value**.

Ausgehend von einer wertorientierten ABC-Analyse, sollten Unternehmen ihre Ressourcen und Aktivitäten stärker auf A-Kunden konzentrieren und die Betreuung der C-Kunden reduzieren beziehungsweise ganz einstellen. Diesen Sachverhalt umschrieb der Vorstand einer deutschen Großbank einmal in einer internen Sitzung wie folgt: „Wir müssen in Zukunft etwa 50 % unserer Kunden verlieren. Es müssen nur die richtigen 50 % sein."

Damit kein Missverständnis aufkommt: Kundenzufriedenheit gehört zweifellos zu den zentralen Faktoren erfolgreicher Unternehmen, allerdings erweist sie sich nur selten als Allheilmittel. Wer vermeiden will, dass das Unternehmensziel Kundenorientierung oder Kundenzufriedenheit in die Irre führt, sollte Folgendes beachten:

• Konzeption und Realisation von Kundenzufriedenheitsprojekten sollten von Spezialisten begleitet werden.

• Ad-hoc-Untersuchungen, die als Momentaufnahmen häufig eher Verwirrung denn Nutzen stiften, sollten durch aussagekräftigere Längsschnittuntersuchungen ersetzt werden.

- Flankierend sind technische, ökonomische, juristische, soziale, psychische und situative Wechselbarrieren (Patente, Kundenkarte bzw. -app, Bonuspunkte, freiwillige Garantieleistungen, Kundenclubs etc.) zu errichten, um die wachsende Zahl wechselfreudiger Kunden stärker an sich zu binden.

- Fokussierung auf den vorhandenen Kundenstamm darf nicht dazu führen, dass man die Neukundenakquisition vernachlässigt. Nur so lässt sich der Kundenbestand kontinuierlich revitalisieren.

- Anbieter sollten sich von unrentablen Kunden trennen und das so freigesetzte Potenzial in die Betreuung von ertragreichen sowie erfolgversprechenden Kunden investieren.

6 Quellenverzeichnis

Enthält auch themenrelevante Quellen, die nicht zitiert werden, aber zur weiteren Recherche herangezogen werden können.

Achterholt, G. (1991): Corporate Identity: In zehn Arbeitsschritten die eigene Identität finden und umsetzen, 2. Aufl., Wiesbaden 1991.

Adam, R./Herrmann, A./Huber, F./Wricke, M. (2002): Kundenzufriedenheit und Preisbereitschaft: Empirische Erkenntnisse aus der Hotelbranche, in: Zeitschrift für betriebswirtschaftliche Forschung, 54. Jg. (2002), S. 762 – 778.

Adams, J. S. (1963): Toward an Understanding of Inequity, in: Journal of Abnormal and Social Psychology, Vol. 67 (1963), pp. 422 – 436.

Addelman, S. (1962): Orthogonal Main-Effect Plans for Asymmetrical Factorial Experiments, in: Technometrics, Vol. 4 (1962), February, pp. 21 – 46.

Adler, M. K. (1955): Moderne Marktforschung, Stuttgart 1955.

Allard, C. (1999): Customer Service, in: The Journal of TelePerformance, (1999), No. 1, pp. 30 – 32.

Al-Sibai, J. (2000): Der Slogan als Spiegelbild der Unternehmenskultur, in: Frankfurter Allgemeine Zeitung, Nr. 36 (12.2.2000), S. 70.

Anderson, E. W./Fornell, C./Lehmann, D. R. (1994): Customer Satisfaction, Market Share and Profitability: Findings from Sweden, in: Journal of Marketing, Vol. 58 (1994), July, pp. 53 – 66.

Anderson, E. W./Fornell, C./Rust, R. (1997): Customer Satisfaction, Productivity, and Profitability: Differences Between Goods and Services, in: Marketing Science, Vol. 16 (1997), No. 2, pp. 129 – 145.

Anderson, E. W./Sullivan, M. (1993): The Antecedents and Consequences of Customer Satisfaction for Firms, in: Marketing Science, Vol. 12 (1993), No. 2, pp. 125 – 143.

Andreasen, A. (1985): Consumer Responses to Dissatisfaction in Loose Monopolies, in: Journal of Consumer Research, Vol. 12 (1985), Sept., pp. 135 – 141.

Aschenbrenner, K. M. (1977): Komplexes Wahlverhalten: Entscheidungen zwischen multiattributiven Alternativen, in: Hartmann, K. D./Koeppler, K. (Hrsg.): Fortschritte der Marktpsychologie, Bd. 1, Frankfurt/Main 1977, S. 21 – 52.

Atteslander, P. (2000): Methoden der empirischen Sozialforschung. 9. Aufl., Berlin u. a. 2000.

Backhaus, K./Büschken, J./Voeth, M. (2000): Internationales Marketing, 3. Aufl., Stuttgart 2000.

Backhaus, K./Erichson, B./Plinke, W./Weiber, R. (2006): Multivariate Analysemethoden: Eine anwendungsorientierte Einführung, 11. Aufl. Berlin 2006.

Bager, J./Becker, J./Munz, R. (1997): Data Warehouse: Zentrale Sammelstelle für Information, in: c't, (1997), Nr. 3, S. 284.

Bauer, H. H./Thomas, U. (1984): Die Präferenzen von Arbeitnehmern gegenüber Tarifvertragskomponenten: Eine empirische Analyse mit Hilfe des Conjoint Measurement, in: Zeitschrift für betriebswirtschaftliche Forschung, 36. Jg. (1984), Nr. 3, S. 200 – 228.

Baumann, S. (2000): Kundenorientierung und Anreizsysteme: Externe und interne Kundenzufriedenheit als Bemessungsgrundlagen von Anreizsystemen, Stuttgart 2000.

Bearden, W. O./Teel, J. E. (1983): Selected Determinants of Consumer Satisfaction and Complaint Reports, in: Journal of Marketing Research, Vol. 20 (1983), Feb., pp. 21 – 28.

Becker, F. G. (1990): Anreizsysteme für Führungskräfte, Stuttgart 1990.

Beekmann, F./Chamoni, P. (2006): Verfahren des Data Mining, in: *Chamoni, P./Gluchowski, P.* (Hrsg.): Analytische Informationssysteme: Business-Intelligence-Technologien und -Anwendungen, Berlin u. a. 2006, S. 263 – 282.

Berekoven, L./Eckert, W./Ellenrieder, P. (2006): Marktforschung: Methodische Grundlagen und praktische Anwendung, 10. Aufl., Wiesbaden 2006.

Berger C./Blauth R./Boger D. et al. (1993): Kano's Methods for Understanding Customer-Defined Quality, in: *Hinshitsu*: Journal of the Japanese Society for Quality Control, (1993), Fall, pp. 3 – 35.

Bernhardt, K. L./Donthu, N./Kennett, P. A. (2000): A Longitudinal Analysis of Satisfaction and Profitability, in: Journal of Business Research, Vol. 47 (2000), pp. 161 – 171.

Berry, L. (1995): Relationship Marketing of Services: Growing Interest, Emerging Perspectives, in: Journal of the Academy of Marketing Science, Vol. 23 (1995), pp. 236 – 245.

Berry, L. L. (1983): Relationship Marketing, in: *Berry, L. L./Shostack, G. L./Upah, G. D.* (Eds.): Emerging Perspectives on Services Marketing, Chicago 1983, pp. 25– -28.

Bettman, J. R. (1979): An Information Processing Theory of Consumer Choice, London et al. 1979.

Beutin, N. (2005): Kundenbindung durch Zusatzdienstleistungen (Value-Added Services), in: *Bruhn, M./Homburg, C.* (Hrsg.): Handbuch Kundenbindungsmanagement: Strategien und Instrumente für ein erfolgreiches CRM, 5. Aufl., Wiesbaden 2005, S. 297 – 314.

Bidmon, S. (2004): Kundenzufriedenheit im Investitionsgütermarketing: Theoretische Basis und praktische Durchführung der Messung, Wiesbaden 2004.

Birkigt, K./Stadler, M. M./Funck, H. J. (2002): Corporate Identity: Grundlagen, Funktionen, Fallbeispiele, 11. Aufl., München 2002.

Bitner, M. (1993): Managing the Evidence of Service, in: *Scheuing, E./Christopher, W.* (Eds.): The Service Quality Handbook, New York 1993, pp. 358 – 370.

Bleymüller, J./Gehlert, G./Gülicher, H. (2000): Statistik für Wirtschaftswissenschaftler, 12. Aufl., München 2000.

Boylan, B. (1996): Bring's auf den Punkt! Professionelle Vortragstechnik schnell trainiert, München 1996.

Brandes, D. (1998): Konsequent einfach, Frankfurt/Main 1998.

Brückner, M. (2005): Beschwerdemanagement: Reklamationen als Chancen nutzen, professionell reagieren, Kunden zufrieden stellen, 2. Aufl., Frankfurt/Main 2005.

Bruggemann, A. (1974): Zur Unterscheidung verschiedener Formen von "Arbeitszufriedenheit", in: Arbeit und Leistung, 28. Jg (1974), S. 281 – 284.

Bruggemann, A./Groskurth, P./Ulich, E. (1975): Arbeitszufriedenheit, Bern 1975.

Bruhn, M. (1982): Konsumentenzufriedenheit und Beschwerden, Frankfurt/Main u. a. 1982.

Bruhn, M. (2001): Marketing, 5. Aufl., Wiesbaden 2001.

Bruhn, M. (2006): Qualitätsmanagement für Dienstleistungen: Grundlagen, Konzepte, Methoden, 6. Aufl., Berlin 2006.

Bruhn, M. (Hrsg.) (1999): Internes Marketing: Integration der Kunden- und Mitarbeiterorientierung. Grundlagen, Implementierung, Praxisbeispiele, 2. Aufl., Wiesbaden 1999.

Bruhn, M./Homburg, C. (Hrsg.) (2005): Handbuch Kundenbindungsmanagement: Strategien und Instrumente für ein erfolgreiches CRM, 5. Aufl., Wiesbaden 2005.

Bullinger, H. J./Wiedmann, G./Niemeier, J. (1995): IAO-Studie Business Reengineering: Aktuelle Managementkonzepte in Deutschland. Zukunftsperspektiven und Stand der Umsetzung, Stuttgart 1995.

Buser, T./Lennertz, T./Siegrist, A. (2000): My Guide to Customer Relationship Management: Kundenbeziehungen erfolgreicher leben, Zürich 2000.

Büssing, A./Glaser, J. (2003): Mitarbeiter- und Klientenorientierung im Gesundheitswesen, in: Zeitschrift für Arbeits- und Organisationspsychologie, 47. Jg. (2003), S. 222 – 228.

Butcher, K./Sparks, B./O'Callaghan, F. (2003): Beyond Core Services, in: Psychology & Marketing, Vol. 20 (2003), pp. 187 – 208.

Buttle, F. (2005): Customer Relationship Management: Concepts and Tools, Amsterdam et al. 2005.

Cabena, P./Hadjinian, P./Stadler, R./Verhees, J./Zanasi, A. (1998): Discovering Data Mining: From Concept to Implementation, Upper Saddle River 1998.

Chamoni, P. (1998): Entwicklungslinien und Architekturkonzepte des On-Line Analytical Processing, in: *Chamoni, P./Gluchowski, P.* (Hrsg.): Analytische Informationssysteme: Data warehouse, online analytical processing, data mining, Berlin 1998, S. 231 – 250.

Chamoni, P. (2001): On-Line Analytical Processing (OLAP), in: *Hippner, H./Küsters, U./Meyer, M./Wilde, K.D.* (Hrsg.): Handbuch Data Mining im Marketing, Wiesbaden 2001, S. 543 – 558.

Christiani, F. (2002): Internes Marketing als Instrument zur Abstimmung kundenbezogener Prozesse in Dienstleistungsunternehmen, dargestellt am Beispiel eines Kreditinstitutes, Schriften zum Marketing Nr. 43, Ruhr-Universität Bochum, Bochum 2002.

Christopher, M./McDonald, M. (1995): Marketing: An Introductory Text, Basingstoke u. a. 1995.

Christopher, M./Payne, A./Ballantyne, D. (1998): Relationship Marketing: Bringing Quality, Customer Service and Marketing Together, Repr., Oxford u. a. 1998.

Clifford, D./Cavanaugh, D. (1985): The Winning Performance in a Changing Environment, New York u. a. 1985.

Codd, E. F./Codd, S. B./Sally, C. T. (1993): Providing OLAP to User-Analysts: An IT Mandate, White Paper, E. F. Codd & Associates, Sunnyvale/CA 1993.

Cramer, U. (2001): Eine Ladenkette wird zum Kult: Niemand hat das Discount-Prinzip so erfolgreich umgesetzt wie der Aldi-Konzern, in: Mannheimer Morgen, Nr. 166 (20.7.2001), S. 28.

Cronin, J. J./Taylor, S. A. (1992): Measuring Service Quality: A Reexamination and Extension, in: Journal of Marketing, Vol. 56 (1992), No. 3, pp. 55 – 68.

Cronin, J. J./Taylor, S. A. (1994): SERVPERF versus SERVQUAL: Reconciling Performance-based and Perceptions-Minus-Expectations Measurement of Service Quality, in: Journal of Marketing, Vol. 58 (1994), No. 1, pp. 125 – 131.

Cronin, J./Brady, M./Hult, G. (2000): Assessing the Effects of Quality, Value, and Customer Satisfaction on Consumer Behavioral Intentions in Service Environments, in: Journal of Retailing, Vol. 76 (2000), No. 2, pp. 193 – 218.

Crosby, P. (1979): Quality is Free, New York 1979.

Dabholkar, P. A./Thorpe, D. I. (1994): Does Customer Satisfaction Predict Shopper's Intentions?, in: Journal of Customer Satisfaction, Dissatisfaction and Complaining Behavior, Vol. 7 (1994), pp. 161 – 171.

Dach, C. (2002): Vorteile einer Multi-Channel-Strategie: Eine nüchterne Betrachtung. Synergien zwischen Ladengeschäften und Online-Shops aus Konsumentensicht, Ausgewählte Studien des ECC Handel, Bd.5, Köln 2002.

Dipak, J./Singh, S. S. (2002): Customer Lifetime Value Research in Marketing: A Review and Future Directions, in: Journal of Interactive Marketing, Vol. 16 (2002), No. 2, pp. 34 – 46.

Doppler, K./Lauterburg, C. (1999): Change Management: Den Unternehmenswandel gestalten, 8. Aufl., Frankfurt/Main u. a. 1999 (11. Aufl. = 2005).

Dormann, C./Spethmann, K./Weser, D./Zapf, D. (2003): Organisationale und persönliche Dienstleistungsorientierung und das Konzept des kundenorientierten Handlungsspielraums, in: Zeitschrift für Arbeits- und Organisationspsychologie, 47. Jg. (2003), S. 194 – 207.

Dörre, J./Gerstl, P./Seiffert, R. (2001): Text Mining, in: *Hippner, H./Küsters, U./Meyer, M./Wilde, K. D.* (Hrsg.): Handbuch Data Mining im Marketing, Wiesbaden 2001, S. 465-488.

E-Commerce-Center Handel (Hrsg.) (2001): Die Begriffe des eCommerce, Frankfurt/Main 2001.

elogics Management Services GmbH (Hrsg.) (2006): Was ist Kundenzufriedenheit?, in: http://portal.successfactory.cc/Portal/eTopicsWeb.nsf/(ThemaWebDetail)/C1256C87005CA3B7C12 56D FA0034C665?OpenDocument (Stand: 16. Juni 2006).

European Foundation for Quality Management (EFQM) (Hrsg.) (2003): Excellence einführen, Brüssel 2003.

Fischbach, S. (1999): Lexikon der Wirtschaftsformeln und Kennzahlen, Landsberg/Lech 1999.

Fischer, L./Wiswede, G. (1997): Grundlagen der Sozialpsychologie, München 1997.

Fischer, M. (2001): Produktlebenszyklus, Lebenszyklus, in: *Diller, H.* (Hrsg.): Vahlens Großes Marketinglexikon, 2. Aufl., München 2001, S. 1407 – 1409.

Fornell, C./Johnson, M./Anderson, E./Cha, J./Bryant, B. (1996): The American Customer Satisfaction Index: Nature, Purpose, and Findings, in: Journal of Marketing, Vol. 60 (1996), Oct., pp. 7 – 18.

Franz, H.-W. (1999): Integriertes Qualitätsmanagement (IQM) in der Weiterbildung: EFQM und DIN ISO 9001, Bielefeld 1999.

Garvin, D. A. (1988): Managing Quality: The Strategic and Competitive Edge, New York 1988.

Gattermeyer, W. (2001): Change Management und Unternehmenserfolg: Grundlagen, Methoden, Praxisbeispiele, 2. Aufl., Wiesbaden 2001.

Gawlik, T./Kellner, J./Seifert, D. (2002): Effiziente Kundenbindung mit CRM, Bonn 2002.

Gebert, D./von Rosenstiel, L. (1996): Organisationspsychologie: Person und Organisation, Stuttgart 1996.

Georgi, D. (2000): Entwicklung von Kundenbeziehungen: Theoretische und empirische Analysen unter dynamischen Aspekten, Wiesbaden 2000.

Georgi, D. (2001): Einfluss der normativen Erwartungen auf die Transaktionsqualität: Bedeutung der Beziehungsqualität, in: *Bruhn, M./Stauss, B.* (Hrsg.): Jahrbuch Dienstleistungsmanagement 2001, Wiesbaden, S. 91 – 113.

Giering, A. (2000): Der Zusammenhang zwischen Kundenzufriedenheit und Kundenloyalität: Eine Untersuchung moderierender Effekte, Wiesbaden 2000.

Gluchowski, P./Chamoni, P. (2006): Entwicklungslinien und Architekturkonzepte des On-Line Analytical Processing, in: *Chamoni, P./Gluchowski, P.* (Hrsg.): Analytische Informationssysteme: Business-Intelligence-Technologien und -Anwendungen, Berlin u. a. 2006, S. 143 – 176.

Goodman, J./Malech, A./Mara, T. (1987): Beschwerdepolitik unter Kosten/Nutzen-Gesichtspunkten: Lernmöglichkeiten aus den USA, in: *Hansen, U./Schoenheit, J.* (Hrsg.): Verbraucherzufriedenheit und Beschwerdeverhalten, Frankfurt/Main u. a. 1987, S. 165 – 202.

Grant, A./Schlesinger, L. (1995): Realize Your Customers Full Profit Potential, in: Harvard Business Review, Vol. 73 (1995), No. 5, pp. 59 – 72.

Greif, S./Runde, B./Seeberg, I. (2004): Erfolge und Misserfolge beim Change Management, Göttingen 2004.

Grönroos, C. (2005): Service Management and Marketing: A Customer Relationship Management Approach, 2nd Ed., Chichester/West Sussex 2005.

Grund, M. A. (1998): Interaktionsbeziehungen im Dienstleistungsmarketing: Zusammenhänge zwischen Zufriedenheit und Bindung von Kunden und Mitarbeitern, Wiesbaden 1998.

Günter, B. (1995): Beschwerdemanagement, in: *Simon, H./Homburg, C.* (Hrsg.): Kundenzufriedenheit: Konzepte, Methoden, Erfahrungen, Wiesbaden 1995, S. 275 – 291.

Günter, B./Helm, S. (2003): Kundenwert: Grundlagen, innovative Konzepte, praktische Umsetzungen, 2. Aufl., Wiesbaden 2003.

Güttler, P. O. (2000): Sozialpsychologie, 3. Aufl., München 2000.

Hammann, P./Erichson, B. (2006): Marktforschung, 5. Aufl., Stuttgart 2006.

Hansen, U./Emerich, A. (1998): Sind zufriedene Kunden wirklich zufrieden? Eine Differenzierung des Kundenzufriedenheitskonstruktes auf der Grundlage organisationspsychologischer Erkenntnisse, in: Jahrbuch der Absatz- und Verbrauchsforschung, 44. Jg. (1998), Nr. 3, S. 220 – 238.

Hansen, U./Jeschke, K. (1991): Beschwerdemanagement für Dienstleistungsunternehmen: Beispiel des Kfz-Handels, in: *Bruhn, M./Stauss, B.* (Hrsg.): Dienstleistungsqualität, Konzepte, Methoden, Erfahrungen, Wiesbaden 1991, S. 199 – 223.

Helber, S./Stolletz, R. (2004): Call-Center-Management in der Praxis: Strukturen und Prozesse betriebswirtschaftlich optimieren, Berlin u. a. 2004.

Hempelmann, B./Lürwer, M. (2003): Der „Customer Lifetime Value"-Ansatz zur Bestimmung des Kundenwertes, in: Das Wirtschaftsstudium, 32. Jg. (2003), Nr. 3, S. 336 – 341.

Herrmann, A./Huber, F./Braunstein, C. (2000): Kundenzufriedenheit garantiert nicht immer mehr Gewinn, in: Harvard Business Manager, 22. Jg. (2000), Nr. 1, S. 45 – 55.

Herrmann, A./Seilheimer, C. (2000): Erklärungsansätze zur Dynamik des Vergleichsmaßstabs im Rahmen des Lücken-Modells der Kundenzufriedenheit, in: Wirtschaftswissenschaftliches Studium, 29. Jg. (2000), Nr. 1, S. 14 – 20.

Herzberg, F./Mausner, B./Snyderman, B. B. (1959): The Motivation to Work, 2nd Ed., New York 1959.

Heskett, J. L./Jones, T. O./Loveman, G. W./Sasser, W. E. Jr./Schlesinger, L. A. (1994): Putting the Service-Profit Chain to Work, in: Harvard Business Review, Vol. 72 (1994), No. 2, pp. 164 - 174.

Heskett, J. L./Sasser, W. E. Jr./Schlesinger, L. A. (1997): The Service Profit Chain: How Leading Companies Link Profit And Growth To Loyalty, Satisfaction, And Value, New York 1997.

Hinterhuber, H. (Hrsg.) (2004): Kundenorientierte Unternehmensführung: Kundenorientierung, Kundenzufriedenheit, Kundenbindung, 4. Aufl., Wiesbaden 2004.

Hinterhuber, H. H. (2005): Strategische Unternehmungsführung, Teil: 2., 7. Aufl., Berlin 2005.

Hinterhuber, H. H./Handlbauer, G./Matzler, K. (1997): Kundenzufriedenheit durch Kernkompetenzen: Eigene Potentiale erkennen, entwickeln, umsetzen, München u. a. 1997.

Hippner, H. (2005): Die (R)Evolution des Customer Relationship Management, in: Marketing·ZFP, 27. Jg. (2005), Nr. 2, S. 115 – 134.

Hippner, H./Wilde, K. D. (Hrsg.) (2006): Grundlagen des CRM: Konzepte und Gestaltung, 2. Aufl., Wiesbaden 2006.

Holthuis, J. (1998): Der Aufbau von Data Warehouse-Systemen: Konzeption, Datenmodellierung, Vorgehen, Wiesbaden 1998.

Homburg, C. (1999): Kundenbindung im Handel: Ziele und Instrumente, in: *Beisheim, O.* (Hrsg.): Distribution im Aufbruch, München 1999, S. 873 – 890.

Homburg, C. (Hrsg.) (2006): Kundenzufriedenheit: Konzepte, Methoden, Erfahrungen, 6. Aufl., Wiesbaden 2006.

Homburg, C.; Faßnacht, M. (1998): Kundennähe, Kundenzufriedenheit und Kundenbindung bei Dienstleistungsunternehmen, in: *Bruhn, M./Meffert, H.* (Hrsg.): Handbuch Dienstleistungsmanagement: Von der strategischen Konzeption zur praktischen Umsetzung, Wiesbaden 1998, S. 405 – 428.

Homburg, C./Giering, A./Hentschel, F. (1998): Der Zusammenhang zwischen Kundenzufriedenheit und Kundenbindung, in: *Bruhn, M./Homburg, C.* (Hrsg.): Handbuch Kundenbindungsmanagement: Grundlagen, Konzepte, Erfahrungen, Wiesbaden 1998, S. 81 – 112.

Homburg, C./Jensen, O. (2000): Kundenorientierte Vergütungssysteme: Voraussetzungen, Verbreitung, Determinanten, in: Zeitschrift für Betriebswirtschaft, 70. Jg. (2000), Nr. 1, S. 55 – 74.

Homburg, C./Rudolph, B. (1995): Messung und Management von Kundenzufriedenheit: Der Schlüssel zum langfristigen Erfolg, Wissenschaftliche Hochschule für Unternehmensführung, Otto-Beisheim-Hochschule, Vallendar 1995.

Homburg, C./Schäfer, H. (2002): Die Erschließung von Kundenpotenzialen durch Cross-Selling: Konzeptionelle Grundlagen und empirische Ergebnisse, Marketing·ZFP, 24. Jg. (2002), Nr. 1, S. 7 – 26.

Homburg, C./Stock, R. (2005): Kundenzufriedenheit und Kundenbindung bei Dienstleistungen: Eine theoretische und empirische Analyse, in: *Corsten, H./Gössinger, R.* (Hrsg.): Dienstleistungsökonomie: Beiträge zu einer theoretischen Fundierung, Berlin 2005, S. 301 – 327.

https://wirtschaftslexikon.gabler.de/definition/warentests-48213

Huber, R. (1994): Qualitätszirkel, in: *Diller, H.* (Hrsg.): Vahlens großes Marketinglexikon, München 1994, S. 989 – 990.

Jehle, U. (2003): Der Kunde im Dienstleistungssystem: Übersicht über die Ergebnisse, in: http://www.dienstleistungs-standards.de/fokusthemen/kundensicht/kundensicht0803.pdf (Stand: 4. April 2006).

Jeschke, K./Schulze, H. S. (1999): Internes Marketing und Beziehungsorientierung als Grundlage eines kunden- und mitarbeiterorientierten Beschwerdemanagement, in: Jahrbuch der Absatz- und Verbrauchsforschung, 45. Jg. (1999), Nr. 4, S. 402 – 417.

Jossé, G. (2005): Balanced Scorecard: Ziele und Strategien messbar umsetzen, München 2005.

Juttner, U./Wehrh, H. P. (1994): Relationship Marketing From a Value System Perspective, in: International Journal of Service Industry Management, Vol. 5 (1994), pp. 54 – 73.

Kaiser, M.-O. (2005): Erfolgsfaktor Kundenzufriedenheit: Dimensionen und Messmöglichkeiten, 2. Aufl., Berlin 2005.

Kano, N. (1984): Attractive Quality and Must-be Quality, in: Hinshitsu: Journal of the Japanese Society for Quality Control, Vol. 14 (1984), No. 2, pp. 39 – 48.

Kaplan, R. S./Norton, D. P. (1997): Balanced Scorecard, Stuttgart 1997.

Kerner, S. (2002): Analytisches Customer-relationship-Management in Kreditinstituten: Data warehouse und Data-Mining als Instrumente zur Kundenbindung im Privatkundengeschäft, Wiesbaden 2002.

Koop, B. (2004): Zufriedenheit und Bindung von Mitarbeitern und Kunden: Integrierte Analyse und Steuerung in Unternehmen, Diss., Universität Mannheim, Mannheim 2004 (http://bib-serv7.bib.uni-mannheim.de/madoc/volltexte/2005/874).

Kornmeier, M./Schneider, W. (2006): Balanced Management: Toolbox für erfolgreiche Unternehmensführung, Berlin 2006.

Koschate, N. (2002): Kundenzufriedenheit und Preisverhalten: Theoretische und empirisch-experimentelle Analysen, Wiesbaden 2002.

Koska, M. T. (1990): High Quality Care and Hospital Profits: Is There a Link? Hospitals, (1990), March, pp. 62 – 63.

Kostka, C. (2005): Change Management: 7 Methoden für die Gestaltung von Veränderungsprozessen, 3. Aufl., München 2005.

Krafft, M. (2002): Kundenbindung und Kundenwert, Heidelberg 2002.

Krafft, M./Rutsatz, U. (2001): Konzepte zur Messung des ökonomischen Kundenwertes, in: *Günter, B./Helm, S.* (Hrsg.): Kundenwert: Grundlagen, Innovative Konzepte, Praktische Umsetzung, Wiesbaden 2002, S. 237 – 258.

Krauthammer, E./Hinterhuber, H.: Leadership: Die richtigen Prioritäten setzen, in: Frankfurter Allgemeine Zeitung, Nr. 248 (25.10.1999), S. 33.

Kreilkamp, E. (2003): Vorlesung Dienstleistungsmarketing, Universität Lüneburg 2003, in: http://www.uni-lueneburg.de/tour (Stand: 15. Februar 2005).

Kukat, F. (Hrsg.) (2005): Beschwerdemanagement in der Praxis: Kundenkritik als Chance nutzen, Düsseldorf 2005.

Kuß, A. (2001): Kaufentscheidung, in: Diller, H. (Hrsg.): Vahlens großes Marketing-Lexikon, 2. Aufl., München 2001, S. 744 – 746.

Küting, K./Lorson, P. (1999): Die schleichende Amerikanisierung deutscher Unternehmen, in: Frankfurter Allgemeine Zeitung, Nr. 278 (29.11.1999), S. 28.

Lasogga, F. (2000): Customer Relationship Management, in: Marketing Journal, 33. Jg. (2000), Nr. 6, S. 342 – 347.

Law, K. S./Wong, C. -S./Mobley, W. H. (1998): Toward a Taxonomy of Multidimensional Constructs, in: Academy of Management Review, Vol. 23 (1998), pp. 741 – 755.

Law, K. S./Wong, C.-S. (1999): Multidimensional Constructs in Structural Equation Analysis: An Illustration Using the Job Perception and Job Satisfaction Constructs, in: Journal of Management, Vol. 25 (1999), No. 2, pp. 143 – 160.

Lewis, R.C. (1987): The Measurement of Gaps in the Quality of Hotel Services, in: International Journal of Hospitality Management, Vol. 6 (1987), No. 2, pp. 83 – 88.

Liehr, T. (2002): Einsatzpotenziale des Data Matching bei Finanzdienstleistern, in: *Wilde, K. D./Hippner, H./Merzenich, M.* (Hrsg.): Data Mining: Mehr Gewinn aus Ihren Kundendaten, Düsseldorf 2002, S. 97 – 104.

Link, J./Hildebrandt, V. (1997): Ausgewählte Konzepte der Kundenbewertung im Rahmen des Database Marketing, in: *Link, J./Brändli, D./Schleuning, C./Kehl, R.* (Hrsg.): Handbuch Database Marketing, Ettlingen 1997, S. 159 – 174.

Lohmann, F. (1997): Loyalität von Bankkunden, Wiesbaden 1997.

Loveman, G. (1998): Employee Satisfaction, Customer Loyalty and Financial Performance: An Empirical Examination of the Service Profit Chain in Retail Banking, in: Journal of Service Research, Vol. 1 (1998), No. 1, pp. 18 – 31.

Loyalty Hamburg (Hrsg.) (2006a): Umsatzsteigerung, in: http://www.loyalty-hamburg.de/ th_bed_umstzstg.html (Stand: 4. April 2006).

Loyalty Hamburg (Hrsg.) (2006b): Kundenwert, in: http://www.loyalty-hamburg.de/th_bed_ku-wert.html (Stand: 4. April 2006).

MacCallum, R. C./Browne, M. W. (1993): The Use of Causal Indicators in Covariance Structure Models: Some Practical Issues, in: Psychological Bulletin, Vol. 114 (1993), pp. 533 – 541.

Matzler, K./Stahl, H. (2000): Kundenzufriedenheit und Unternehmenswertsteigerung, in: Die Betriebswirtschaft, 60. Jg. (2000), S. 626 – 641.

McAlister, L. (1982): A Dynamic Attribute Satiation Model of Variety-Seeking Behavior, in: Journal of Consumer Research, Vol. 9 (1982), No. 2, pp. 141 – 150.

Meffert, H. (1992): Marketingforschung und Käuferverhalten, 2. Aufl., Wiesbaden 1992.

Meffert, H./Bruhn, M. (1995): Dienstleistungsmarketing: Grundlagen, Konzepte, Methoden, Wiesbaden 1995 (2. Aufl. = 1997).

Meffert, H./Schwetje, T. (1999): Bedeutung von Mitarbeiterinteraktion und Mitarbeiterzufriedenheit für die Kundenzufriedenheit im Handel, in: Planung & Analyse, 26. Jg. (1999), Nr. 5, S. 44 – 49.

Merx, O./Bachem, C. (2004): Multichannel-Marketing-Handbuch, Berlin u. a. 2004.

Meyer, A./Dornach, F. (1992): Feedback für strategische Vorteile, in: absatzwirtschaft, 35. Jg. (1992), Sondernummer Oktober, S. 120 – 135.

Meyer, A./Dornach, F. (1995): Das Deutsche Kundenbarometer 1995: Qualität und Zufriedenheit. Jahrbuch der Kundenzufriedenheit in Deutschland 1995, München 1995.

Meyer, A./Dornach, F. (1996): Das Deutsche Kundenbarometer 1996: Qualität und Zufriedenheit. Jahrbuch der Kundenzufriedenheit in Deutschland 1996, München 1996.

Meyer, P. W./Meyer, A. (1990): Dienstleistungen: Die große Hoffnung für Wirtschaft und Wirtschaftswissenschaften in den neunziger Jahren, in: Jahrbuch der Absatz- und Verbrauchsforschung, 36 Jg. (1990), Nr. 2, S. 124 – 139.

Mittal, V./Kamakura, W. (2001): Satisfaction, Repurchase Intent, and Repurchase Behavior: Investigating the Moderating Effect of Customer Characteristics, in: Journal of Marketing Research, Vol. 38 (2001), No. 1, pp. 131 – 142.

Mucksch, H. (2006): Das Data Warehouse als Datenbasis analytischer Informationssysteme: Architektur und Komponenten, in: *Chamoni, P./Gluchowski, P.* (Hrsg.): Analytische Informationssysteme: Business-Intelligence-Technologien und -Anwendungen, Berlin u. a. 2006, S. 129 – 142.

Müller, A. (2005): Strategisches Management mit der Balanced Scorecard, 2. Aufl., Stuttgart 2005.

Neckel, P./Knobloch, B. (2005): Customer Relationship Analytics: Praktische Anwendung des Data Mining im CRM, Heidelberg 2005.

Nelson, E./Rose, R, Rust, R./Zahorik, A. (1992): Do Patient Perceptions of Quality Relate to Hospital Financial Performance?, in: Journal of Health Care Marketing, Vol. 12 (1992), Dec., pp. 6 – 13.

Nerdinger, F. W. (2003): Mitarbeiter- und Kundenzufriedenheit, in: Zeitschrift für Arbeits- und Organisationspsychologie, 47. Jg. (2003), S. 179 – 181.

Nestlé (Hrsg.) (2004): Nestlé-Unternehmensgrundsätze, 3. Aufl., Vevey 2004.

Neuberger, O. (1974): Theorien der Arbeitszufriedenheit, Stuttgart 1974.

Nieschlag, E./Dichtl, E./Hörschgen, H. (2002): Marketing, 19. Aufl., Berlin 2002.

Nöllke, M. (2004): Kreativitätstechniken, 4. Aufl., Planegg 2004.

O. V. (1996): Der professionelle Umgang mit Marktforschungsinstituten, in: Verlag Handelsblatt GmbH (Hrsg.): marketing praxis 1996, Düsseldorf 1996, S. 37.

Oliver, R. L. (1980): A Cognitive Model of the Antecedents and Consequences of Satisfaction Decisions, in: Journal of Marketing Research, Vol. 17 (1980), No. 4, pp. 460 – 469.

Oliver, R. L. (1987): An Investigation of the Interrelationship Between Customer Dissatisfaction and Complaint Reports, in: Advances in Consumer Research, Vol. 14 (1987), pp. 218 – 222.

Oliver, R. L. (1997): Satisfaction: A Behavioural Perspective on the Consumer, New York 1997.

Olsen, S. (2002): Comparative Evaluation and the Relationship Between Quality, Satisfaction, and Repurchase Loyalty, in: Journal of the Academy of Marketing Science, Vol. 30 (2002), No. 3, pp. 240 – 249.

Parasuraman, A./Zeithaml, V. A./Berry, L. L. (1988): SERVQUAL. A Multiple Item Scale for Measuring Consumer Perceptions of Service Quality, in: Journal of Retailing, Vol. 64 (1988), pp. 12 – 40.

Parasuraman, A./Zeithaml, V. A./Berry, L. L. (1985): A Conceptual Model of Service Quality and its Implications for Future Research, in: Journal of Marketing, Vol. 49 (1985), No. 3, pp. 41 – 50.

Patterson, P./Johnson, L./Spreng R. (1997): Modeling the Determinants of Customer Satisfaction for Business-to-Business Professional Services, in: Journal of the Academy of Marketing Science, Vol. 25 (1997), No. 1, pp. 4 – 17.

Payne, A./Rapp, R. (1999): Relationship Marketing: Ein ganzheitliches Verständnis von Marketing, in: *Payne, A./Rapp, R.* (Hrsg.): Handbuch Relationship Marketing: Konzeption und erfolgreiche Umsetzung, München 1999, S. 3 – 16.

Peters, T. (1987): Thriving on Chaos, New York 1987.

Ploss, D. (2001): Das Loyalitäts-Netzwerk: Wertschöpfung für eine neue Wirtschaft, Bonn 2001.

Procter & Gamble (Hrsg.) (2005): P&G: Deutschland 2005, Schwalbach/Taunus 2005.

Quartapelle, Q. Q./Larsen, G. (1996): Kundenzufriedenheit: Wie Kundentreue im Dienstleistungsbereich die Rentabilität steigert, Berlin u. a. 1996.

Quinn, M./Humble, J. (1991): Service: The New Competitive Edge: A Survey of Executive Opinion of Senior Managers in Ireland, Dublin 1991.

Raab, G./Werner, N. (2005): Customer Relationship Management: Aufbau dauerhafter und profitabler Kundenbeziehungen, 2. Aufl., Frankfurt/Main 2005.

Rapp, R. (1992): Qualitatives Controlling durch Kundenzufriedenheitsmessung, Arbeitspapier, Universitätsseminar Schloß Gracht 1992.

Rapp, R. (1995): Kundenzufriedenheit durch Servicequalität: Konzeption, Messung, Umsetzung, Wiesbaden 1995.

Rapp, R. (2005): Customer Relationship Management: Das Konzept zur Revolutionierung der Kundenbeziehungen, 3. Aufl., Frankfurt/Main u. a. 2005.

Rapp, R./Bußmann, N. (2001): Die Entdeckung der Kundennähe, in: managerSeminare, (2001), Nr. 49, Juli, S. 22 – 31.

Reichheld, F. F. (1996): The Loyalty Effect: The Hidden Force Behind Growth, Profits and Lasting Value, Boston/MA 1996.

Reichheld, F. F./Sasser, W. E. (1991): Zero-Migration, Dienstleister im Sog der Qualitäts-Revolution, in: HARVARDmanager, 13. Jg. (1991), Nr. 4, S. 108 – 116.

Romeiß Stracke, F. (1995): Service-Qualität im Tourismus: Grundsätze und Gebrauchsanweisungen für die touristische Praxis, München 1995.

Rothfuß, R. (2005): Value-Added Services als strategisches Instrument der Kundenbindung: Das Beispiel Degussa Feed Additives, in: *Bruhn, M./Homburg, C.* (Hrsg.): Handbuch Kundenbindungsmanagement: Strategien und Instrumente für ein erfolgreiches CRM, 5. Aufl., Wiesbaden 2005, S. 871 – 891.

Rudolph, A./Rudolph, M. (2000): Customer-Relationship-Marketing: Individuelle Kundenbeziehungen, Berlin 2000.

Rust, R. T./Zahorik, A. J. (1993): Customer Satisfaction, Customer Retention and Market Share, in: Journal of Retailing, Vol. 69 (1993), pp. 145 – 156.

Rust, R. T./Zahorik, A. J./Keiningham, T. L. (1998): Determining the Return on Quality (ROQ), in: *Bruhn, M./Meffert, H.* (Hrsg.): Handbuch Dienstleistungsmanagement, 2. Aufl., Wiesbaden 2001, S. 873 – 898.

Schäfer, H. (2002): Die Erschließung von Kundenpotentialen durch Cross-Selling: Erfolgsfaktoren für ein produktübergreifendes Beziehungsmanagement, Wiesbaden 2002.

Scharioth, J. (1993): Wie Sie Kunden durch Kommunikation binden, in: Gablers Magazin, 7. Jg. (1993), Nr. 1, S. 22 – 24.

Scharitzer, D. (1994): Dienstleistungsqualität – Kundenzufriedenheit, Wien 1994.

Scharnbacher, K./Kiefer, G. (2003): Kundenzufriedenheit: Analyse, Messbarkeit und Zertifizierung, 3. Aufl., München 2003.

Schimmel-Schloo, M. (1999): Der wichtigste Umsatzhebel, Interview mit Kienbaum-Berater Holger Scheepers über aktuelle Trends bei Vergütungsstrukturen im Vertrieb, in: acquisa, 47. Jg. (1999), Nr. 10, S. 62 – 65.

Schmidt, H. (2005): Customer Relationship Management, in: Das Wirtschaftsstudium, 34. Jg. (2005), Nr. 12, S. 1517 – 1524.

Schneider, B./White, S. S./Paul, M. C. (1998): Linking Service Climate and Customer Perceptions of Service Quality: Test of a Causal Model, in: Journal of Applied Psychology, Vol. 83 (1998), pp. 150 – 163.

Schneider, W. (2006): Marketing und Käuferverhalten, 2. Aufl., München 2006.

Schneider, W./Kornmeier, M. (2007): Maxime Kundenzufriedenheit – ein Königs- oder Irrweg?, in: Frankfurter Allgemeine Zeitung, Nr. 36 vom 12.02.2007, S. 18.

Schulze, R. (1999): Messung der Dienstleistungsqualität, in: *Bastian, H./Becker, M.* (Hrsg.): Kundenorientierung im Touristikmanagement, München u. a. 1999, S. 345 – 356.

Schütz, P. (1996a): Durchführung eines Marktforschungsprojekts, in: Verlag Handelsblatt (Hrsg.): Marketing Praxis Kalender, Düsseldorf 1996, S. 34.

Schütz, P. (1996b): Professioneller Umgang mit Marktforschungsinstituten, in: *Verlag Handelsblatt* (Hrsg.): Marketing Praxis Kalender, Düsseldorf 1996, S. 37.

Schütze, R. (1994): Kundenzufriedenheit: After-Sales-Marketing auf industriellen Märkten, Nachdruck der 1. Auflage, Wiesbaden 1994.

Schweikl, H. (1985): Computergestützte Präferenzanalyse mit individuell wichtigen Produktmerkmalen, Berlin 1985

Schwetje, T. (1999): Kundenzufriedenheit und Arbeitszufriedenheit bei Dienstleistungen: Operationalisierung und Erklärung der Beziehungen am Beispiel des Handels, Wiesbaden 1999.

Sexauer, H. J. (2002): Entwicklungslinien des Customer Relationship Management (CRM), in: Wirtschaftswissenschaftliches Studium, 31. Jg. (2002), Nr. 4, S. 218 – 222.

Siebrecht, P. (2004): Kundenzufriedenheit und Kundenloyalität: Messung, Umsetzung, Management von Erfolgsfaktoren. Mit Kundenzufriedenheit und Kundenloyalität zu wirtschaftlichem Erfolg, Frankfurt/Main u. a. 2004.

Singh, J. (1990): A Typology of Consumer Dissatisfaction Response Styles, in: Journal of Retailing, Vol. 66 (1990), Spring, pp. 57 – 99.

Sprenger, R. K. (2004a): Das Prinzip Selbstverantwortung: Wege zur Motivation, Frankfurt/Main u. a. 2004.

Sprenger, R. K. (2004b): Mythos Motivation: Wege aus einer Sackgasse, Frankfurt/Main u. a. 2004.

St. Galler Business School (Hrsg.) (2006): Mit dem GAP-Modell zur erfolgreichen Kommunikation, in: http://www.sophamburg.de/de/files/themenabend/vortragcharts/ 20040614_gap_modell.pdf (Stand: 4. April 2006).

Stauss, B. (1994): Der Einsatz der Critical Incident Technique im Dienstleistungsmarketing, in: *Tomczak, T./Belz, C.* (Hrsg.): Thexis Fachbuch Marketing, Kundennähe realisieren, St. Gallen 1994, S. 233 – 250.

Stauss, B. (1999): Kundenzufriedenheit, in: Marketing·ZFP, 21. Jg. (1999), Nr. 1, S. 5 – 24.

Stauss, B. (2000): Perspektivenwandel: Vom Produkt-Lebenszyklus zum Kundenbeziehungs-Lebenszyklus, in: Thexis, 17. Jg. (2000), Nr. 2, S. 15 – 18.

Stauss, B. (2002): Professionelles Dienstleistungs-Marketing: Was macht einen exzellenten Dienstleister aus?, Vortrag auf dem 1. Baden-Württembergischen Dienstleistungstag in Stuttgart, 7. Dezember 2002, Stuttgart 2002.

Stauss, B./Hentschel, B. (1990): Verfahren der Problemdeckung und -analyse im Qualitätsmanagement von Dienstleistungsunternehmen, in: Jahrbuch der Absatz- und Verbrauchsforschung, 36. Jg. (1990), Nr. 3, S. 232 – 244.

Stauss, B./Neuhaus, P. (1995): Das Qualitative Zufriedenheitsmodell (QZM), Diskussionsbeitrag Nr. 66 der Wirtschaftswissenschaftlichen Fakultät, Katholische Universität Eichstätt-Ingolstadt, Eichstätt 1995.

Stauss, B./Neuhaus, P. (1997): The Qualitative Satisfaction Model, in: International Journal Of Service Industry Management, Vol. 8 (1997), pp. 236 – 249.

Stauss, B./Schöler, A. (2003): Beschwerdemanagement Excellence: State-of-the-Art und Herausforderungen der Beschwerdemanagement-Praxis in Deutschland, Wiesbaden 2003.

Stauss, B./Schulze, H. S. (1990): Internes Marketing, in: Marketing·ZFP, 12. Jg. (1990), Nr. 3, S. 149 – 158.

Stauss, B./Seidel, W. (1995): Prozessuale Zufriedenheitsermittlung und Zufriedenheitsdynamik bei Dienstleistungen, in: *Simon, H./Homburg, C.* (Hrsg.): Kundenzufriedenheit: Konzepte, Methoden, Erfahrungen, Wiesbaden 1995, S. 179 – 203.

Stauss, B./Seidel, W. (1998): Beschwerdemanagement: Fehler vermeiden, Leistung verbessern, Kunden binden, 2. Aufl., München u. a. 1998.

Stein, D. (2000): In Stromunternehmen sind Marketingprofis noch selten, in: Frankfurter Allgemeine Zeitung, Nr. 25 (31.1.2000), S. 32.

Stock, R. (2003): Der Zusammenhang zwischen Mitarbeiter- und Kundenzufriedenheit: Direkte, indirekte und moderierende Effekte, 2. Aufl., Wiesbaden 2003.

Stoffl, M. (1997): Total Quality im Handel, in: Das Wirtschaftsstudium, 26. Jg. (1997), Nr. 4, S. 340 – 349.

Stotko, C. M. (2002): Das wirtschaftliche Potenzial von mass customization als Maßnahme zur Erhöhung der Kundenbindung, Arbeitsbericht Nr. 30, Lehrstuhl für Allgemeine und Industrielle Betriebswirtschaftslehre, Technische Universität München, München 2002.

Strauß, R. (2001): Customer Relationship Management, in: *Diller, H.* (Hrsg.): Vahlens großes Marketinglexikon, 2. Aufl., München 2001, S. 249 – 251.

Swan, J. E./Oliver, R. L. (1989): Postpurchase Communications by Customers, in: Journal of Retailing, Vol. 65 (1989), pp. 516 – 533.

Taylor, S. A./Baker, T. L. (1994): An Assessment of the Relationship Between Service Quality and Customer Satisfaction in the Formation of Consumers' Purchase Intentions, in: Journal of Retailing, Vol. 70 (1994), No. 2, pp. 163 – 178.

Technical Assistance Research Programs (TARP) (1986): Consumer Complaint Handling in America: Un Update Study, The Office of the Special Advisor to the President for Consumer Affairs (Hrsg.), Washington D.C. 1986.

Thomas, L. (1979): Conjoint Measurement als Instrument der Absatzforschung, in: Marketing·ZFP, 1. Jg. (1979), Nr. 3, S. 199 – 211.

Thommen, J.-P./Achleitner, A.-K. (1998): Allgemeine Betriebswirtschaftslehre: Umfassende Einführung aus managementorientierter Sicht, 2. Aufl., Wiesbaden 1998.

Töpfer, A, Mann, A. (1996): Kundenzufriedenheit als Messlatte für den Erfolg, in: *Töpfer, A.* (Hrsg.): Kundenzufriedenheit messen und steigern, Berlin 1996, S. 25 – 81.

Töpfer, A. (1999): Die Analyseverfahren zur Messung der Kundenzufriedenheit und Kundenbindung, in: *Töpfer, A.* (Hrsg.): Kundenzufriedenheit messen und steigern, 2. Aufl., Neuwied 1999, S. 299 – 370.

Töpfer, A. (Hrsg.) (2005): Kundenmanagement: Kundenzufriedenheit, Kundenbindung und Kundenwert messen und steigern, Berlin 2005.

Weiber, R/Adler, J. (1995): Der Einsatz von Unsicherheitsreduktionsstrategien im Kaufprozess: Eine informationsökonomische Analyse, in: Zeitschrift für betriebswirtschaftliche Forschung, 47. Jg. (1995), S. 61 – 77.

Weinhold-Stünzi, H./Baumgartner, R. (1981): Konsumentenzufriedenheit: Eine empirische Pilot-Untersuchung über die allgemeine Zufriedenheit von Konsumenten, die Zufriedenheit von Konsumenten mit ihrer Versorgung, Verhalten bei Konsumenten bei Unzufriedenheit, Konsumentenschutz; Bericht des Forschungsinstituts für Absatz und Handel an der Hochschule St. Gallen, Uttwil 1981.

Weiss, S. M./Indurkhya, N. (1998): Predictive Data Mining: A Practical Guide, San Francisco 1998.

Wiele, van der T./Hesselink, M./van Iwaarden, J. (2005): Mystery Shopping: A Tool to Develop Insight into Customer Service Provision, in: Total Quality Management, Vol. 16 (2005), No. 4, 529 – 541.

Wilde, K. (2002): Skripte zur Vorlesung „Wirtschaftsinformatik I", „Data Mining im Marketing", „Kundenorientierte Informationssysteme", Lehrstuhl für ABWL und Wirtschaftsinformatik, Katholische Universität Eichstätt, Eichstätt 2002.

Wilde, K. D./Hippner, H. (1998): Database Marketing: Vom Ad-Hoc-Direktmarketing zum kundenspezifischen Marketing-Mix, in: Marktforschung & Management, 42. Jg. (1998), Nr. 1, S. 6 – 10.

Wilde, K. D./Hippner, H./Englbrecht, A. (2005): Customer Relationship Management: So binden Sie Ihre Kunden, Düsseldorf 2005.

Wildemann, H. (2004): Wachstumsorientiertes Kundenbeziehungsmanagement statt König-Kunde-Prinzip, in: *Wildemann, H.* (Hrsg.): Organisation und Personal: Festschrift für Rolf Bühner, München 2004, S. 83 – 103.

Wildemann, H. (2005): Kundenorientierung: Leitfaden zur Einführung eines Beschwerdemanagement, einer Ausrichtung des Vertriebs und F&E sowie der Produktion und Mitarbeiter auf Kundenbedürfnisse, 10. Aufl., München 2005.

Wilmes, C./Dietl, H./van der Velden, R. (2004): Die strategische Ressource "data warehouse": Eine ressourcentheoretisch-empirische Analyse, Wiesbaden 2004.

Wind, Y. (1982): Product-Policy: Concepts, Methods and Strategy, Reading/MA 1982.

Winter, S. (2005): Mitarbeiterzufriedenheit und Kundenzufriedenheit: Eine mehrebenenanalytische Untersuchung der Zusammenhänge auf Basis multidimensionaler Zufriedenheitsmessung, Diss., Universität Mannheim, Mannheim 2005 (http://bibserv7.bib.uni-mannheim.de/madoc/volltexte/2005/862).

Zeithaml, V. A. (2000): Service Quality, Profitability, and the Economic Worth of Customers: What We Know and What We Need to Learn, in: Journal of the Academy of Marketing Science, Vol. 28 (2000), pp. 67 – 85.

Zeithaml, V. A./Berry, L. L./Parasuraman, A. (1996): The Behavioral Consequences of Service Quality, in: Journal of Marketing, Vol. 60 (1996), pp. 31 – 46.

Zeithaml, V. A./Parasuraman, A./Berry, L. L. (1992): Qualitätsservice: Was die Kunden erwarten, was sie leisten müssen, Frankfurt/Main u. a. 1992.

7 Stichwortverzeichnis

Abwanderung 4, 15, 22, 23, 69, 73, 77
Anreizfunktion 19
Anspruchsinflation 4, 53, 77
Aufstieg 102

Beschwerdebarrieren 69, 70
Beschwerdemanagement 7, 23, 32, 67, 69, 71, 81, 85, 87, 88, 94, 95, 96
Beschwerden 2, 15, 20, 21, 31, 39, 41, 42, 43, 67, 68, 69, 70, 71, 72, 77, 81
Beschwerdequote 31, 32, 33, 39, 41
Beschwerde-Reaktions-Matrix 71
Beschwerdezufriedenheit 32
Blueprinting 66
Blueprints 64

Confirmation-Disconfirmation-Paradigma 8
Critical Incident-Technik 58, 64
Cross Selling-Quote 27
Cross-Selling 16, 27, 87, 92
Customer Churn Rate 22
Customer Life Cycle 5
Customer Relationship Management 103
Customer-Lifetime-Value 78

Eindimensionale Messverfahren 51
Ereignisorientierte Verfahren 20, 21, 58
Erwartungen 9, 13, 14

Feldanteil 26, 27
Finanzkennzahlen 21
Freiwillige Garantieleistungen 31, 33, 35, 41, 77, 79
Frequenz-Relevanz-Analyse 42, 43, 44

Garantie 34, 35, 75
Garantiefälle 20, 21, 41, 42, 71
Garantiequote 31, 33, 34, 35, 36, 41

Garantiequote, umsatzabhängige 34
Gebundenheitsstrategie 4, 77
Gutschriftenquote 35, 36, 37, 38, 39

Herzberg 10

KANBAN-System 69
Kano-Modell 11
Käuferverhalten 102, 103
Kennzahlen 19, 21, 22, 84, 103, 104
Key Performance Indikatoren 103
Kia 75
Konstantsummen-Methode 53, 54
KPIs 21
Kreuzvalidierung 48
Kulanzquote 38, 39, 40
Kundenabwanderungsrate 22, 23
Kundenakquise 6, 7
Kundenbeziehungs-Lebenszyklus 5, 7, 94
Kundenbindung 1, 6, 7, 16, 23, 25, 27, 30, 34, 40, 68, 73, 74, 75, 76, 77, 78, 81, 84, 86, 87, 88, 92, 95
Kundenbindungsgrad 25
Kundendatenbank 23, 26
Kundenfluktuation 24, 25
Kundenloyalität 16, 25
Kundenorientierte Kennzahlen 21
Kundenrückgewinnung 6
Kundenverlustintensität 22, 23
Kundenwert 23, 39, 70, 71
Kundenwertanalyse 78
Kundenzufriedenheit 1, 2, 3, 5, 8, 10, 11, 12, 15, 16, 19, 20, 21, 22, 23, 25, 27, 30, 31, 32, 33, 35, 37, 40, 41, 45, 49, 50, 51, 52, 55, 56, 73, 77, 78, 79, 80, 81, 84, 85, 86, 87, 88, 89, 90, 91, 92, 93, 94, 95, 97, 102, 103, 104
Kundenzufriedenheitsmessungen 1
Kundenzufriedenheitsportfolio 55, 56, 57

Lernfunktion 19
Likert-Skala 10
Lock-in-Effekt 73

Management 102, 103, 104
Marke 73
Markentreue 25, 34
Marktanteil 26
McDonald's 103, 104
Mehrdimensionale Verfahren 52
Mercedes 75
Merkmalsgestützte Verfahren 20, 21
Merkmalsorientierte Verfahren 50
Messung 21, 102, 104
Messung von Kundenzufriedenheit 21
Methode der kritischen Ereignisse 21, 58, 59
Motivatoren 10
Mystery Shopping 44, 45, 48, 96

Nachkaufphase 13
Negative Mund-zu-Mund-Werbung 15

Objektive/objektorientierte Verfahren 21
Objektorientierte Verfahren 20

place 103
Porsche 75
Preiselastizität der Nachfrage 28, 29
Preissensitivität 16
price 103
product 103
promotion 103

Qualitätskontrollen 20

Rabatte 74
Rating-Skalen 50, 53

Reklamationen 20, 21, 31, 33, 41, 42, 43, 67,
   71, 81
Reklamationsquote 31, 33, 41
Relationship-Marketing 1, 92
Reparaturfunktion 19

Secret Buying 44
Sequenzielle Ereignis-Methode 58, 64, 65
Servqual-Ansatz 9
Silent Shopping 44, 45, 46
Situative Kundenbindung 76
Skalierung 50
Smart Shopper 4
Spitze des Eisbergs Unzufriedenheit 15, 32, 67
Stiftung Warentest 45, 49
Subjektive Verfahren 50
Subjektive/subjektorientierte Verfahren 21
Subjektorientierte Verfahren 20

Tante-Emma-Laden 102
Testkäufe 20, 21, 44, 45, 46, 48
Transaktions-Marketing 1

Umsatz 28, 29, 30, 34, 35, 38
Up-Selling-Quote 30

Variety-Seeking 16, 23, 73, 77, 89
Verbundenheitsstrategie 4, 77
Verkaufsförderung 74

Warentests 21, 49
Wechselbarrieren 3, 4, 73, 75, 76, *79*
Werbung 14, 74
Wiederholungskauf 16
Wiederkäuferrate 25, 26, 27, 40
Wiederkaufrate 25, 40

Zuwanderungsrate 22

8 Informationen zum Autor

Prof. Dr. Willy Schneider

Jahrgang 1963

Kurzvita:

- Studium der Betriebswirtschaftslehre an der Universität Mannheim

- Träger des Preises der *Dr. Carl Clemm*- und *Dr. Carl Haas*-Stiftung, ausgezeichnet für die Diplomarbeit „Die Zufriedenheit der Kfz-Halter mit den Diensten von Autowerkstätten"

- Diverse Stationen in der Unternehmenspraxis

- Wissenschaftlicher Mitarbeiter am Marketing-Lehrstuhl von Prof. Dr. *Erwin Dichtl*, Universität Mannheim

- Promotion an der Universität Mannheim zum Dr. rer. pol. mit der Note „summa cum laude"; Auszeichnung der Dissertation mit dem Preis der Stiftung *Promarketing*

- Seit 1997 Leiter des Studiengangs BWL-Handel an der Dualen Hochschule Baden-Württemberg Mannheim

Weitere Funktionen:

- Lehrbeauftragter an diversen staatlichen und privaten Hochschulen (Center for Advanced Studies der Dualen Hochschule Baden-Württemberg, Rhein-Neckar-Graduate-School, Duale Hochschule Baden-Württemberg Mosbach, Fachhochschule für Ökonomie und Management Mannheim, Frankfurt) in Bachelor- und Masterstudiengängen

- Leitender Autor des *Gabler* Wirtschaftslexikons für die Bereiche Handelsbetriebslehre, Marketing und Vertriebspolitik

- Coach diverser Unternehmen

- Romanautor (True-Crime-Stories)

Veröffentlichungen (Auszug):

Schneider, W.: Aldi – Der Aufstieg vom Tante-Emma-Laden zum Discountprimus, 2. Aufl., Norderstedt 2020.

Schneider, W.: Brainpool Springfield – das „gelbe" Wirtschaftslexikon. Von A wie Advanced Marketing mit Homer bis Z für Zeppelinwerbung für mieses Bier, Norderstedt 2016.

Schneider, W.: Corleone Pizza – Case-Study zur Marketing-Forschung, Norderstedt 2019.

Schneider, W.: Customer Insights: Konsumentenpsychologie und Konsumentenverhalten, Norderstedt 2020.

Schneider, W.: Das perfekte Exposé für die Bachelor- und Masterarbeit, Norderstedt 2021.

Schneider, W.: Einführung in die Kommunikationspolitik, Norderstedt 2019.

Schneider, W.: Einführung in die Preis- und Konditionenpolitik, Norderstedt 2019.

Schneider, W.: Einführung in die Produkt-, Programm- und Sortimentspolitik, Norderstedt 2019.

Schneider, W.: Einführung in die Vertriebspolitik, Norderstedt 2019.

Schneider, W.: Handelsbetriebslehre Basics – Arbeitsbuch, Norderstedt 2021.

Schneider, W.: Käuferverhalten Arbeitsbuch – Workload mit Testaufgaben und Lösungen, Norderstedt 2025.

Schneider, W.: Kompaktleitfaden für erfolgreiche wissenschaftliche Arbeiten in der Betriebswirtschaftslehre, Norderstedt 2020.

Schneider, W.: Kompakt-Lexikon HANDEL: 444 Schlüsselbegriffe des Handels-Managements, Norderstedt 2020.

Schneider, W.: Kommunikationsmanagement kompakt, Norderstedt 2020.

Schneider, W.: Konsumentenverhalten kompakt – Typen, Theorien, Trends, Norderstedt 2021.

Schneider, W.: Kundenzufriedenheit kompakt – Konzept, Messung, Management, Norderstedt 2020.

Schneider, W.: Kundenzufriedenheit: Strategie, Messung, Management, Landsberg am Lech 2000.

Schneider, W.: Marketing-Ethik, Norderstedt 2020.

Schneider, W.: Marketing Basics – Arbeitsbuch, Norderstedt 2021.

Schneider, W.: Marketing Basics – Bausteine einer Marketing-Konzeption, Norderstedt 2021.

Schneider, W.: Marketing ultra-all-inclusive, Norderstedt 2018.

Schneider, W.: Marktsegmentierung – Konsumentenpsychologien – Buyer Personas, Norderstedt 2021.

Schneider, W.: Markt- und Werbepsychologie, Norderstedt 2020.

Schneider, W.: McDonald's – Ein Lehrstück für strategisches und operatives Marketing, Norderstedt 2018.

Schneider, W.: Operatives Marketing ultra-all-inclusive – Die 4 p's des Marketing-Mix: product, price, place, promotion, Norderstedt 2018.

Schneider, W.: Optimierung des Kundenmanagement mittels Kennzahlen – Key Performance Indikatoren des Customer Relationship Management, Norderstedt 2020.

Schneider, W.: Praxisleitfaden Aufbau und Ablauf einer Marktforschungsstudie, Norderstedt 2019.

Schneider, W.: Praxisleitfaden BALANCED SCORECARD – Integratives Marketing-Controlling mit einem ausbalancierten Kennzahlensystem, Norderstedt 2019.

Schneider, W.: Praxisleitfaden Kundenwert-Analyse – „Customer-Value-Management", Norderstedt 2020.

Schneider, W.: Praxisleitfaden Kundenzufriedenheit, Norderstedt 2019.

Schneider, W.: Praxisleitfaden SWOT-ANALYSE – Stärken/Schwächen sowie Chancen/Risiken identifizieren und managen, 2. Aufl., Norderstedt 2021.

Schneider, W.: Red Bull verleiht Flüüügel – Fallstudie zum strategischen und operativen Marketing, Norderstedt 2018.

Schneider, W.: Strategisches Marketing ultra-all-inclusive, Norderstedt 2018.

Schneider, W.: Unternehmen, die unser Leben veränderten – Band 1: Wie McDonald's den Hamburger auf das Fließband legte und mit Franchising die Welt eroberte, Norderstedt 2018.

Schneider, W./Hennig, A.: Kennzahlen Marketing und Vertrieb, Landsberg am Lech 2001.

Schneider, W./Hennig, A.: 100 Kennzahlen für profitable Kundenbeziehungen, Wiesbaden 2009.

Schneider, W./Hennig, A.: Lexikon Kennzahlen für Marketing und Vertrieb, 2. Aufl., Heidelberg 2008.

Schneider, W./Hennig, A.: Zur Kasse, Schnäppchen, München 2010.

Schneider, W./Kornmeier, M.: Kundenzufriedenheit – Konzept, Messung, Management, Bern 2006.

Hennig, A./Schneider, W. u. a.: 100 Kennzahlen der Balanced Scorecard, Wiesbaden 2008.